Die Schriften des Johannes

2 Wahr ist das Wort

Manfred Krüger

Die Schriften des Johannes

Band 2

Wahr ist das Wort
Betrachtungen zum Johannesevangelium

Mit einer Übersetzung
der Johannesbriefe
von Manfred Krüger

Verlag Freies Geistesleben

Mein herzlicher Dank gilt Diether Lauenstein (1914–1990), der vor Jahrzehnten die Übersetzung angeregt hat: als Grundlage tieferen Verstehens; er gilt Jean-Claude Lin, der das Werk als Trilogie in die schöne Reihe der Klassiker der Geisteswissenschaft aufgenommen hat; und er gilt vor allem Frau Dr. Evelies Schmidt im Lektorat des Verlags für die vielen Hinweise, Korrekturen und Verbesserungsvorschläge im Verlauf der Verwandlung der Manuskripte in Bücher.

Manfred Krüger

1. Auflage 2011

Verlag Freies Geistesleben
Landhausstraße 82, 70190 Stuttgart
Internet: www.geistesleben.com

ISBN 978-3-7725-1642-9

Copyright © 2011 Verlag Freies Geistesleben
& Urachhaus GmbH, Stuttgart
Umschlaggestaltung und Typographie: Thomas Neuerer
Druck: Freiburger Graphische Betriebe
Printed in Germany

Inhalt

1. Teil
Wahr ist das Wort
Betrachtungen zum Johannesevangelium

Die Frage nach dem Verfasser 13
Warum Johannes, der Sohn des Zebedäus,
das Johannesevangelium nicht geschrieben
haben kann 13 / Der Verfasser des Johannesevangeliums 16 / Lazarus-Johannes 19 /
Wer ist ein Apostel? 23 / Dürer und Jacopo di
Cione: Johannes-Lazarus unter dem Kreuz 25

Grundbegriffe 32
Tempelreinigung 32 / Das Wort 33 / Die Zeit 37 /
Die Wahrheit 42 / Der Geist 45 / Glauben,
Erkennen, Lieben 51 / Sohn Davids, Menschensohn,
Sohn Gottes 59

Zwei Gespräche 65
Nikodemus, der Lehrer Israels 65 / Das Gespräch
mit der Samariterin am Jakobsbrunnen 68

Die ersten sechs Zeichentaten Christi 74
Die Hochzeit zu Kana 74 / Die Fernheilung
des fieberkranken Knaben 78 / Die Heilung des
Gelähmten am Teich Bethesda 79 / Die Speisung
der Fünftausend 81 / Die Erscheinung auf
dem See 83 / Die Heilung des Blindgeborenen 85

Die Erweckung des Lazarus 87
    Die siebente Zeichentat Christi 87 / Dramatische
    Skizze aus dem Nikodemusevangelium 94

Lazarus in der Bildenden Kunst 96
    Römischer Sarkophag 96 / Wandmalerei in
    Reichenau-Oberzell 96 / Buchmalerei aus dem
    Evangeliar Ottos III 100 / Bernward von Hildesheim,
    Bronzeguss und das kostbare Evangeliar 102 /
    Barberini-Psalter 105 / Giotto 107 / Nürnberger
    Tafelbild 108 / Brüder Limburg 110 / Albert van
    Ouwater 112 / Sebastiano del Piombo 115 / Veit
    Stoß 115 / Tintoretto 119 / Adrian Collaert 119 /
    Caravaggio 121 / Rubens 123 / Rembrandt 124 /
    Jan Lievens 126 / Delacroix 129 / Vincent van
    Gogh 129 / Zusammenfassung 131

**Die sieben Zeichentaten Christi und
der werdende Mensch** 135
    Die Zeichentaten in ihrer Beziehung zur
    Kulturentwicklung 135 / Die Zeichentaten
    und der wahre Mensch 139

Die sieben Ich-bin-Worte 142

Das Johannesevangelium als Weg zur Vollendung . . 145
    Blick auf Origenes 145 / Innere Erfahrung:
    von der Fußwaschung zur Auferstehung 151 /
    Warum nur Lazarus das Johannesevangelium
    geschrieben haben kann 166

2. Teil
Die Briefe des Johannes

Der erste Brief 171
    Prolog / Gemeinschaftsbildung im Licht /
    Gotteskindschaft / Gemeinschaftsbildung in
    der Liebe / Der wahre Glaube

Der zweite Brief 181
    Begrüßung / Das immer währende Gebot
    der Liebe / Gegner Christi / Schlusswort

Der dritte Brief 183
    Begrüßung / Das vorbildliche Verhalten
    des Gaius / Böse Machenschaften des Diotrephes
    und Zeugnis für Demetrius / Schlusswort

Nachwort 186

3. Teil
Die Gestalt des Johannes in der bildenden Kunst 191
    Aus der Hofschule Karls des Großen 193 / Johannes
    im Münchner Evangeliar Ottos III 195 / Johannes in
    der Sicht Bernwards von Hildesheim 199 / Hinweis
    auf die byzantinische Tradition 203 / Johannes im
    Evangeliar Heinrichs des Löwen 205 / Johannes am
    Herzen des Herrn 208 / Rogier van der Weyden: Das
    Braque-Triptychon 213 / Johannes und die Weisheit
    der Schlange 218 / Johann Hertz: Selbstbildnis als
    Johannes 222

DER WEG DES JOHANNES 226
Versuch einer biographischen Skizze

NACHWORT 234
Blick auf Goethes «Faust» und Fichtes «Anweisung zum seligen Leben»

ANHANG
Anmerkungen zum 1. Teil: Betrachtungen zum Johannesevangelium 239
Anmerkungen zum 2. Teil: Die Briefe des Johannes . .257
Anmerkungen zum 3. Teil: Die Gestalt des Johannes
in der Bildenden Kunst. 266
Literaturverzeichnis. 272
Abkürzungen 290
Umgebungskarten: See von Tiberias und Jerusalem .294

Wenn ihr euch erkennen werdet.
dann werdet ihr erkannt.

Logion Christi

Im Geiste, in der in sich selber gegründeten Lebendigkeit des Gedankens, ruhet das Leben; denn es ist außer dem Geiste gar nichts wahrhaftig da. Wahrhaftig leben, heißt wahrhaftig denken und die Wahrheit erkennen.

J. G. Fichte

Tilman Riemenschneider, Johannes am Schreibpult, vom Münnerstädter Altar, 1490–92. Berlin: Bode-Museum.

1. Teil

Wahr ist das Wort
Betrachtungen zum Johannesevangelium

Die Frage nach dem Verfasser

Das Johannesevangelium beschreibt das Urbild der Initiation in das Menschenwesen als inneren Weg durch die Drei Jahre: Inkarnation, Tod und Auferstehung Christi, das Wendemysterium der Menschheitsgeschichte. Nach der Lazarus-Perikope wird an mehreren Stellen ersichtlich: Es ist der Bericht eines Augenzeugen. Als Verfasser wird von den meisten Theologen Johannes, der Sohn des Fischers Zebedäus und Bruder des Jakobus angegeben.[1] Die Tradition ist ehrwürdig, hält aber in diesem Fall der Wahrheitsfrage nicht stand. Das Evangelium selbst nennt den Verfasser nicht, gibt aber deutliche Hinweise.

Warum Johannes, der Sohn des Zebedäus, das Johannes-Evangelium nicht geschrieben haben kann

Um den Verfasser des Johannes-Evangeliums zu erkennen, ist es hilfreich, sich zu verdeutlichen, warum Johannes, der Sohn des Zebedäus und Bruder Jakobus' des Älteren, es nicht geschrieben haben kann.[2] Die wichtigsten Argumente hat Pierson Parker – in einundzwanzig Punkten – zusammengestellt.[3] Im Anschluss an Parker sind für mich folgende Überlegungen von Bedeutung: In der Apostelgeschichte des Lukas wird Johannes, der Sohn des Zebedäus, als ungelehrt beschrieben.[4] Das Johannesevangelium setzt aber eine genaue Kenntnis des Alten Testamentes und eine hohe philosophische Bildung voraus, besonders die Kenntnis der Philosophie

Heraklits von Ephesos und Philons von Alexandrien. Schon im dritten Jahrhundert nannte man Johannes «den Theologen».[5] Der philosophische und meditative Stil des Johannesevangeliums entspricht nicht einem einfachen Fischer vom See Genezareth.

Johannes und sein Bruder Jakobus werden von Christus als «Donnersöhne» charakterisiert.[6] Sie waren möglicherweise cholerisch und tatkräftig. Diese Charakterisierung widerspricht dem Stil des vierten Evangeliums, das von allen Evangelien am meisten zur inneren Ruhe und zur Meditation einlädt.

Nach Matthäus, Markus und Lukas sind die zwölf Jünger bei und nach der Gefangennahme Christi geflohen. Sie machen keine Andeutung, dass etwa Johannes, der Sohn des Zebedäus, eine Ausnahme bildet. Und im Johannesevangelium spricht Jesus in seinen Abschiedsreden, zu den Zwölfen:

Siehe,
es kommt die Stunde, und sie ist schon da:
Ihr werdet
zerstreut, ein jeder geht für sich,
und mich lasst ihr allein.[7]

Die zwölf Apostel waren – nach allen vier Evangelien – bei der Kreuzigung nicht anwesend. Johannes der Evangelist stand aber unter dem Kreuz. Er gehört also nicht zu den Zwölfen.

Der Autor des Johannesevangeliums war den Hohenpriestern (Hannas und Kaiphas) gut bekannt.[8] Das ist von einem galiläischen Fischer nicht anzunehmen und nach der Apostelgeschichte ausgeschlossen; denn dort heißt es: «Als sie (die Hohenpriester und Schriftgelehrten) den Freimut des Petrus und Johannes wahrnahmen und merkten, dass es ungelehrte und ungebildete Männer waren, wunderten sie sich.» Demnach waren die Apostel den Hohenpriestern unbekannt.

Es gibt Überlieferungen, nach denen Johannes, der Sohn des Zebedäus, ebenso wie sein Bruder Jakobus der Ältere eines frühen Märtyrertodes gestorben ist.[9] Das Johannesevangelium wurde aber um 100 in Ephesus geschrieben, lange Zeit nach den drei anderen Evangelien. Nach Mk 10, 39 wurde der Märtyrertod der beiden Brüder vom Christus vorhergesagt. Wellhausen kommentierte: (Und wenn die Prophezeiung) «zur einen Hälfte unerfüllt geblieben wäre, so stünde sie schwerlich im Evangelium».[10]

Im 21. Kapitel werden Johannes, der Sohn des Zebedäus, und der Jünger, den der Herr lieb hatte, nebeneinander als zwei verschiedene Personen erwähnt. Vom Jünger, den der Herr lieb hatte, heißt es, er habe das Johannesevangelium geschrieben. Damit wird in der Sicht des Schreibers des 21. Kapitels, der wohl ein nahestehender Schüler des Evangelisten war, Johannes Zebedaei als Autor ausgeschlossen.[11]

Und für mich ausschlaggebend: Drei entscheidende Szenen im Leben Christi, bei denen der Sohn des Zebedäus dabei war, erwähnt das Johannesevangelium nicht: die Auferweckung der Tochter des Jairus, die Verklärung auf dem Berge und die erschütternde Einsamkeit Christi in Gethsemane. Das sind drei herausragende Begebenheiten der «drei Jahre». Es ist nicht vorstellbar, dass jemand diese Ereignisse miterlebt und sie in seinem Evangelium nicht erwähnt. Das gilt besonders für die Verklärung auf dem Berge, die bei den Synoptikern den gleichen Stellenwert hat wie die Auferweckung des

Lazarus bei Johannes.¹² Durch die Verklärung sollen Petrus und die Söhne des Zebedäus auf Tod und Auferstehung Christi vorbereitet werden. Wer dies miterlebt, wenn auch teilweise schlafend, würde es in seinem Evangelium nicht verschweigen.

Es ist erstaunlich, dass die meisten Theologen – durch Jahrhunderte – daran festhalten, dass der Verfasser des vierten Evangeliums, der beim letzten Abendmahl an der Brust des Herrn lag, Johannes Zebedaei sein soll, obgleich in keinem der Evangelien auch nur die geringste Andeutung dafür in Anspruch genommen werden kann und so viele und gewichtige Gründe dagegen sprechen. Joseph Ratzinger (Benedikt XVI.) sieht in ihm – mit Peter Stuhlmacher – zwar nicht mehr den Schreiber, aber immer noch den Lieblingsjünger, der dem Schreiber oder Redaktor als Augenzeuge den Inhalt übermittelt hat. Der Presbyter in Ephesus, der die Johannesbriefe geschrieben hat, gilt in dieser Sicht als «Sprachrohr» für den Zebedaiden.¹³ Und warum sollte der «Alte» oder der «Älteste» nicht selbst der Augenzeuge sein?

Der Verfasser des Johannesevangeliums

Im Johannesevangelium selbst wird als Verfasser angegeben: Der Jünger, «den der Herr lieb hatte». Die Frage lautet: Von welchem Jünger wird das gesagt? Dieser Ausdruck wird im Johannesevangelium bei der Erweckung des Lazarus gebraucht, und zwar gleich dreimal. Da er für keinen der zwölf Apostel und auch sonst nicht gebraucht wird – mit Ausnahme der Schwestern Maria und Martha – kommt als Verfasser *nach Auskunft des Evangeliums selbst* nur Lazarus in Frage.[14]

Dass für die Erweckung vom Tode die Agape Christi zu Lazarus die entscheidende Rolle spielt, wird bestätigt durch den Tatbestand, dass vom Jünger, den der Herr liebte, nur im zweiten Teil des Evangeliums, *nach* der Erweckung des Lazarus, die Rede ist.

Von einem Jünger, den der Herr liebte, spricht sonst nur noch Markus.[15] Er bleibt auch bei Markus namenlos und ist wohl mit Lazarus-Johannes zu identifizieren. Lukas nennt ihn einen «Oberen», was ja auf Lazarus-Johannes zutrifft.[16] Jesus war mit seinen Jüngern auf dem Weg nach Jerusalem. Da fällt vor ihm ein Jüngling auf die Knie und fragt, was er tun soll, um das ewige Leben zu erlangen. Jesus erinnert ihn an die Gebote aus dem Alten Testament: Du sollst nicht töten, nicht die Ehe brechen, nicht stehlen und nicht falsch Zeugnis ablegen; du sollst niemanden berauben; du sollst Vater und Mutter ehren. Und der Jüngling beteuert, die Gebote gehalten zu haben. Er ist ein Gerechter und spürt, dass es nicht ausreicht, gerecht zu sein. Er ahnt wohl etwas vom göttlichen Liebesimpuls, der die Weltgeschichte wendet: «Und Jesus sah ihn an und gewann ihn lieb.» Dieser Augenblick macht ihn zum geliebten Jünger, der dann als Lazarus in das Mysterium von Tod und Auferstehung eingeweiht werden kann.

Zuvor muss er sich von seiner irdischen Habe trennen, von allem, was ihn ans Vergängliche fesselt: «Eines fehlt dir. Geh hin, verkaufe alles, was du hast, und gib's den Armen, so wirst du einen Schatz im Himmel haben, und komm und folge mir nach!» Der reiche Jüngling hat das Wort Christi zuerst dem buchstäblichen Sinne nach verstanden, denn er geht traurig davon. Das «Folge mir nach» hat er aber dann doch ergriffen, wenn er auch nicht alles, was er besaß, verkauft hat. Ohne ein Haus zu besitzen, hätte er dem Auftrag am Kreuz nicht Folge leisten können: die Mutter des Herrn zu sich zu nehmen. Es wäre denkbar, dass auch das letzte Abendmahl in einem seiner Häuser stattfand. Das «Folge mir nach» heißt nicht, als Bettelmönch zu leben, sondern innerlich vollkommen frei zu sein von der Last irdischer Güter, die man ins ewige Leben ja nicht mitnehmen kann. Diese innere Freiheit ist die Voraussetzung zur Nachfolge Christi. Der reiche Jüngling hat sie sich errungen. Er wurde als Lazarus dem Tode entrissen und lag beim Abendmahl an der Brust des Herrn und stand mit der Mutter unter dem Kreuz.

Für die Frage nach dem Verfasser des Johannesevangeliums ist auch der Zusammenhang bedeutsam, in dem Markus die Perikope vom reichen Jüngling erzählt. Jakobus und Johannes werden nämlich unmittelbar nachfolgend von Jesus zurechtgewiesen. Möglicherweise war in ihnen Eifersucht entstanden.

Jesus spricht von seinem bevorstehenden Leiden, von Tod und Auferstehung. Daraufhin bitten die Zebedäussöhne, im Himmel zu seiner Rechten und seiner Linken sitzen zu dürfen. Sie möchten ihm am nächsten sein. «Jesus aber sprach zu ihnen: Ihr wisst nicht, was ihr bittet. Könnt ihr den Kelch trinken, den ich trinke, oder euch taufen lassen mit der Taufe, mit der ich getauft werde? Sie sprachen: Ja, das können wir. Jesus aber sprach zu ihnen: Ihr werdet zwar den Kelch trinken, den ich trinke, und getauft werden mit der Taufe, mit der ich getauft werde; zu sitzen aber zu meiner Rechten oder zu meiner Linken, das steht mir nicht zu, euch zu geben, sondern das wird denen zuteil, für die es bestimmt ist.»¹⁷ Die Zehn werden unwillig über Jakobus und Johannes; und Jesus bekräftigt: «Wer groß sein will unter euch, der soll euer Diener sein.» Markus erzählt so, dass dem Leser mit der Frage nach dem vierten Evangelisten deutlich wird: Der Jünger, den der Herr lieb hatte, ist gewiss nicht Johannes, der Bruder des Jakobus, sondern der reiche Jüngling, der im vierten Evangelium den Namen Lazarus trägt.[18]

Lazarus-Johannes

Die Frage, warum das vierte Evangelium Johannesevangelium heißt, kann mit dem Blick auf Johannes den Täufer beantwortet werden. Johannes der Täufer hat sich nach seinem Tode mit Lazarus so verbunden, dass Lazarus den Impuls des Johannes auf Erden fortführen konnte: von der Taufe zur Geisttaufe. Johannes der Täufer wird – neben Maria-Sophia – zu seinem Inspirator. Darum heißt er später selber Johannes. In religiösen Zusammenhängen gibt es das heute noch, beispielsweise wenn ein Papst gewählt wird. Der neue Name bezeichnet Aufgabe und Ziel des Wirkens.[19] Albrecht Altdorfer hat die beiden Johannes auf Patmos entsprechend gemalt (s. Abb. 1). Der Evangelist und Apokalyptiker schaut die himmlische Frau. Ihm gegenüber sitzt der Täufer, als wolle er ihm diktieren. Das heißt nicht, dass Johannes der Täufer die Apokalypse und das Evangelium geschrieben hat.[20] Es deutet auf enges geistiges Zusammenwirken. Der Autor ist Lazarus-Johannes. Sein Buch ist geöffnet. Das Buch des Täufers, das Alte Testament, ist geschlossen.

Die Frage nach dem Verfasser

Abb. 1: Albrecht Altdorfer: Die beiden Johannes auf Patmos, um 1515. Regensburg: Historisches Museum.

Lazarus-Johannes ist als Jünger, den der Herr liebte, der erste christliche Eingeweihte. Aber Johannes der Täufer ist der Größte unter den Sterblichen. Er ist ein Mensch, denn «der Kleinste im Himmelreich ist größer als er».[21] Unter denen aber, «die von einer Frau geboren wurden, ist niemand größer als Johannes». Das sind Worte Christi. Er sieht in ihm auch «mehr als einen Propheten». Diese Sicht eröffnet das Verständnis für den Hinweis Rudolf Steiners in Bezug auf die enge Beziehung des Täufers zum Jünger, den der Herr liebte.[22]

In der Sicht Rudolf Steiners wirkt Johannes der Täufer, nach seiner Enthauptung, inspirierend auf die zwölf Apostel und im Besonderen auch auf die Wesenheit des Lazarus. Bei der Auferweckung ist er «von der anderen Seite» dabei. Rudolf Steiner betont, dass er nicht nur im Geiste, sondern «bis zur Bewusstseinsseele» des Lazarus hereinwirkte. Das bedeutet im Ansatz eine Wesensdurchdringung.[23]

Lazarus-Johannes war reich[24] und gehörte – mit Nikodemus – zum Hohen Rat in Jerusalem. Er war möglicherweise beim Verhör durch den Alt-Hohenpriester Hannas anwesend. Petrus kommt zwar aufgrund der Fürsprache durch Lazarus-Johannes bis in den Vorhof, aber nicht weiter.[25] Dort wird er von einer Magd erkannt, und er verleugnet den Herrn. Im 21. Kapitel fragt Petrus nach der Mission von Lazarus-Johannes, der es «bezeugt und aufgeschrieben hat»:

Was ist mit diesem, Herr?
Und Jesus sprach zu ihm:
Wenn *ich* will, dass er bleibe, bis ich komme,
was geht es dich an?
Du, folge mir.
Da kam die Rede auf
unter den Brüdern: Dieser Jünger
stirbt nicht.
Es hatte Jesus aber nicht gesagt:
Er stirbt nicht, sondern:
Wenn *ich* will, dass er bleibe, bis ich komme,
was geht es dich an?

Dies ist der Jünger,
der es bezeugt und aufgeschrieben hat,
wir wissen:
Sein Zeugnis
ist wahr.

Die Rede «Dieser Jünger stirbt nicht» entstand, weil er durch die Agape des Herrn erweckt und dem Tode entrissen wurde. Der Verfasser betont aber: Vom gewöhnlichen Tod ist nicht die Rede. Er «bleibt» bis zur Wiederkehr. Das bedeutet: Er übernimmt die Aufgabe des Vorläufers; er gibt ihr im Einklang mit Johannes dem Täufer eine neue Ausrichtung, um die Seelen der Menschen vorzubereiten, damit sie den «in den Wolken» wiederkehrenden Christus aufnehmen können. Dazu ist nicht die Taufe, sondern die Taufe mit dem Heiligen Geist erforderlich, von der das vierte Evangelium kündet.

Die enge Zusammengehörigkeit der beiden Johannes wurde immer gesehen.[26] Darum werden sie in der Kunstgeschichte oftmals in Gemeinsamkeit dargestellt. Neben Altdorfer sei erinnert an Jan van Eyck (Genter Altar, 1432), Rogier van der Weyden (um 1399 – um 1459), Botticelli (1444/45 – 1510)[27] und Matthias Grünewald (gestorben 1528). Die Zusammengehörigkeit der beiden Johannes geht bis zur Austauschbarkeit. Einer steht für den anderen. Den Evangelisten in der Rolle des Täufers zeigt das Braque-Triptychon im Louvre.[28]

Auf dem Isenheimer Altar ist die Anwesenheit des Täufers bei der Kreuzigung als geistig real zu denken.

Wer ist ein Apostel?

Irenaeus von Lyon, der um 200 starb, nennt den Verfasser des vierten Evangeliums zumeist «Herrenjünger». Aber an einer Stelle seiner Schrift gegen die Häresien bezeichnet er ihn als «Apostel Johannes».[29] Das gilt zahlreichen Späteren als Beweis dafür, dass Irenaeus die Auffassung vertreten habe, das vierte Evangelium sei von Johannes, dem Sohn des Zebedäus, geschrieben worden; denn dieser gehörte zu den «zwölf Aposteln». Irenaeus, Schüler des Polykarp, der seinerseits Johannes den Evangelisten noch persönlich erlebt hat, gilt jedenfalls als Hauptzeuge für die traditionelle Sicht.[30] Doch kann man Irenaeus auch anders lesen.

Der Ausdruck «Apostel» wurde später vielfach eingeengt auf die «zwölf Jünger». Für Paulus galt die Einengung im Sprachgebrauch noch nicht. Er gehörte nicht zu den Zwölfen und nennt sich ausdrücklich einen Apostel. Die Rechtmäßigkeit seines Apostel-Amtes wird zwar von Teilen der Jerusalemer Gemeinde bezweifelt, weil die Erscheinungen des Auferstanden mit der Himmelfahrt für beendet erklärt wurden. Aber Paulus hatte die Schau des Auferstandenen – *nach* der Himmelfahrt. Er hatte die Schau sogar mehrfach, durch sein ganzes Leben hindurch. Das Damaskus-Erlebnis war nur der Beginn, aber als Beginn zugleich die entscheidende Wende. Paulus begründet sein Apostel-Amt mit der unmittelbaren Schau des Auferstandenen. So schreibt er beispielsweise an die Galater:

Ich tue euch aber kund, liebe Brüder, dass das Evangelium, das von mir gepredigt ist, nicht menschlicher Art ist.

> Denn ich habe es von keinem Menschen empfangen noch gelernt, sondern durch eine Offenbarung Jesu Christi.[31]

Und der erste Brief an die Korinther beginnt: «Paulus, berufen zum Apostel Christi durch den Willen Gottes», und weiter heißt es dann: «Zuletzt von allen ist er auch von mir als einer unzeitigen Geburt gesehen worden, denn ich bin der Geringste unter den Aposteln, der ich nicht wert bin, ein Apostel zu heißen, weil ich die Gemeinde Gottes verfolgt habe.»[32]

Was für Paulus gilt, kann sinngemäß auf den Verfasser des Johannesevangeliums übertragen werden. Lazarus-Johannes wurde vom Christus erweckt und lag beim letzten Abendmahl an seiner Brust; er hatte auf Patmos die Schau des Christus als Weltenrichter und war von Christus so innerlich durchdrungen, bestätigt durch die Sohnschaft zu Maria, die ihm – neben Johannes dem Täufer – zur inspirierenden Sophia wird, dass er das vierte Evangelium schreiben konnte. Damit ist er zum Apostel geworden.

Vom Kreuz herab wurde Lazarus-Johannes zum Apostel berufen. Jünger war er schon vorher.

Wenn nun Irenaeus schreibt, das vierte Evangelium wurde vom «Apostel Johannes» geschrieben, so ist nicht nachvollziehbar, mit welcher Sicherheit die meisten Interpreten behaupten, das könne sich nur auf den Sohn des Zebedäus beziehen, zumal es Überlieferungen gibt, die sagen, dieser sei – wie sein Bruder Jakobus – eines frühen Märtyrertodes gestorben. Der Ausdruck «Apostel Johannes» kann sich jedenfalls auf eine Persönlichkeit beziehen, die nicht zum Kreis der Zwölf gehört. Unbestritten ist ja auch Jakobus der Gerechte, der «Herrenbruder», ein «Apostel», obwohl er nicht zum Kreis der Zwölf gehörte.[33] Möglicherweise begegnete man Lazarus-Johannes anfänglich mit einem ähnlichen Misstrauen wie Paulus, denn er gehörte ja – mit Nikodemus – zum Kreis derer, die Jesus zum Tode verurteilt haben.[34]

Zu bedenken ist auch, dass Johannes selbst sich niemals Apostel nennt, sondern immer nur Presbyter, der Alte, wie auch Papias in seinem viel zitierten Fragment.[35] Vor allem aber bezeichnet er sich als Zeuge.[36] Das ist entscheidend.

Dürer und Jacopo di Cione: Johannes-Lazarus unter dem Kreuz

Wenn Lazarus Johannes ist, dann ist Johannes der Bruder von Maria Magdalena. Dies wurde von Künstlern gelegentlich zum Ausdruck gebracht. Dabei ist es weniger wichtig, ob es eine Überlieferung gab. Entscheidend ist die Intuition des Künstlers, der das Johannesevangelium liest und bemerkt, dass der Jünger, den der Herr liebte, Lazarus ist. Dürer wollte diese Einsicht in seiner «großen Kreuzigung» darstellen. Der Plan kam nicht mehr zur Ausführung; aber zwei sorgfältige Vorzeichnungen zeigen Maria Magdalena und Johannes unter dem Kreuz als Geschwister. Die erstaunliche Ähnlichkeit im Antlitz ist anders kaum zu deuten, da gerade Dürer auf individualisierte Gesichtszüge größten Wert legt.[37]

150 Jahre vor Dürer hat bereits Jacopo di Cione in Florenz die Ähnlichkeit von Johannes und Maria Mag-

Abb. 2: Albrecht Dürer: Johannes-Lazarus, 1523. Vorzeichnung zur «großen Kreuzigung», Ausschnitt. Winkler 859.

dalena unter dem Kreuz in eindrucksvoller Weise im Rahmen eines Polyptichons hervorgehoben. In der Sammlung Barbara Piasecka Johnson befinden sich eine «Kreuzabnahme» und eine «Grablegung»[38] (s. Abb. 4 u. 5). Auf beiden Bildern ist Johannes so dargestellt, dass im Betrachter der Gedanke an Lazarus, den Bruder der Maria Magdalena, geweckt wird. Von den zwölf Aposteln heißt es, sie waren geflohen und bei der Kreuzigung nicht anwesend. Unter dem Kreuz

Abb. 3: Albrecht Dürer: Maria Magdalena, 1523. Vorzeichnung zur «großen Kreuzigung», Ausschnitt. Winkler 860.

stand Lazarus, den der Herr liebte und der später den Namen Johannes angenommen hat. Das sagen die beiden Tafeln.

Joseph von Arimathia und Nikodemus nehmen den Herrn vom Kreuz. Maria, die Mutter, steht ungewöhnlich gerade, ohne Zeichen des Schmerzes, und nimmt den Christus entgegen.

Am Fuß des Kreuzes, ganz im Vordergrund, kniet Maria Magdalena in einem leuchtend roten Gewand,

Die Frage nach dem Verfasser

ebenfalls ohne Zeichen des Schmerzes. Sie umschlingt das Kreuz, berührt mit der rechten Hand den linken Fuß des Gekreuzigten, blickt aber auf Johannes.

Johannes sitzt am Boden, auf der anderen Seite des Kreuzes, hat die Hände gefaltet und wendet den Kopf zur Seite, schmerzbewegt und zugleich, wie eine Madonna, voller Hingabe. Er trägt ein blaues Gewand mit einem hellroten Überwurf, der die ganze Gestalt einhüllt.

Die gleiche goldfarbene Borte ziert die Gewänder von Magdalena und Johannes, sowie auch den Lendenschurz Christi. Alle drei haben darüber hinaus die gleiche rötlich-braune Haarfarbe. Der Betrachter erinnert sich an die Worte im Johannesevangelium, nach denen Lazarus und seine Schwestern von Christus geliebt wurden:

Das Kreuz und die Leiter bilden die Struktur des Bildes. Sie verbinden die dunkelgrüne Erde mit dem goldenen Himmel. Es gibt keine weiteren Gegenstände. Das Blut tropft in die Erde.[39]

Auf dem Bild der Grablegung kniet die dritte Frauengestalt, braun gewandet, im Vordergrund, vor dem rötlichen Sarg. Sie ist nicht nimbiert. Joseph von Arimathia und Nikodemus tragen den Leichnam, den die Mutter umarmt. Johannes hat den Kopf geneigt und die Hände gefaltet. Maria Magdalena zeigt nun ihren Schmerz und reißt die Arme in die Höhe. Die Ähnlichkeit der beiden ist kaum zu übersehen.

Abb. 4: Jacopo di Cione: Kreuzabnahme, um 1371, Teil eines Polyptichons, 34 x 21 cm. Sammlung Barbara Piasecka Johnson.

Die Frage nach dem Verfasser

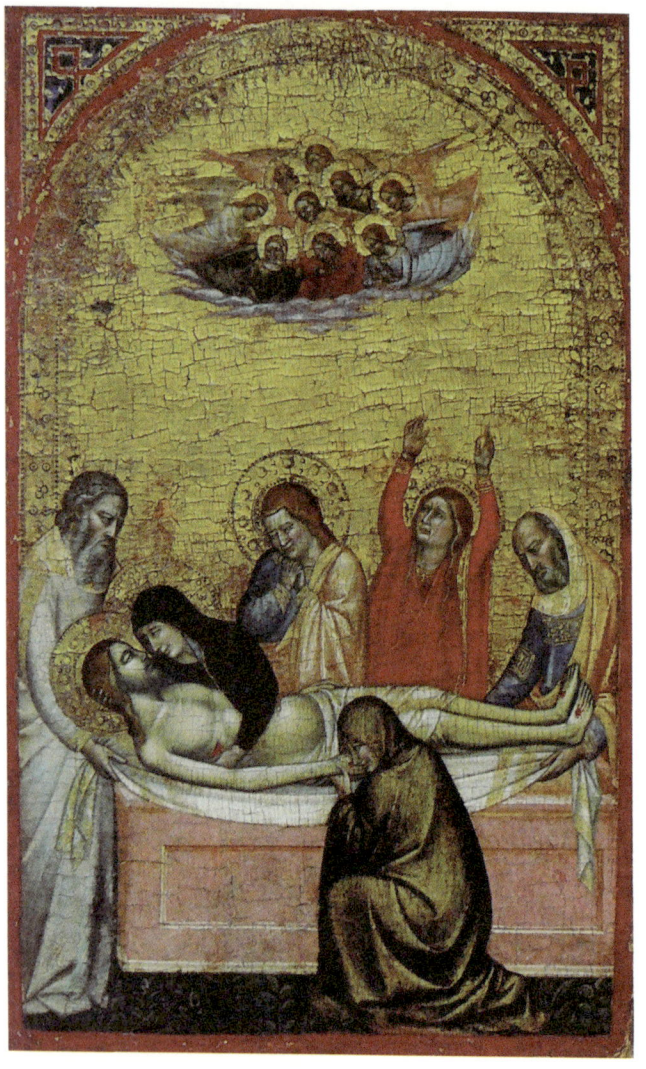

Auf Wolken erscheinen oben im Goldgrund neun Engel, in denen die neun himmlischen Hierarchien repräsentiert sind. Unten, der irdische Bereich ist nur noch ein schmaler dunkelgrüner Streifen, in dem aber eine Fülle von Pflanzen sichtbar werden: Symbol des Neuen Lebens, das aus dem Tod auf Golgatha erwächst. Diese beiden kleinformatigen Bilder sind aus der Meditation des Johannesevangeliums entstanden, und sie regen zur Meditation an.

Abb. 5: Jacopo di Cione: Die Grablegung, um 1371, Teil eines Polyptichons, 34 × 21 cm. Sammlung Barbara Piasecka Johnson.

Grundbegriffe

Tempelreinigung

Am ersten Osterfest nach der Jordantaufe erfolgt die Tempelreinigung. Jesus macht eine Geißel aus Binsen und jagt sie alle hinaus: die Händler mit ihren Tieren und die Geldwechsler. Genau genommen befinden sie sich im Vorhof des Tempels. Aber Johannes kommt es auf die Symbolik an; denn der Tempel steht für den Leib des Menschen.[40] Er bedarf der Reinigung.

Ursprünglich war auch die leiblich-seelische Organisation des Menschen unsterblich wie der Geist, weil sie aus Gott stammt. Gott ist Geist: so auch das, was aus Gott stammt. Durch den «Fall» sind Leib und Seele in die Sterblichkeit geraten. Und das Ebenbild der Gottheit wurde zum Gleichnis – dem Tode unterworfen.[41]

Gott wurde Mensch, um seinem Gleichnis die Möglichkeit zu eröffnen, sich von sich aus zum Ebenbild zu wandeln – in der Nachfolge Christi. Die Nachfolge beginnt mit der Tempelreinigung. «Wisst ihr nicht», schreibt Paulus an die Korinther, «dass ihr Gottes Tempel seid und der Geist Gottes in euch wohnt?»[42] Gott kann aber in der Seele nicht wohnen, wenn sie voller Unrat ist. Reinigung (Katharsis) war immer die Voraussetzung zur Initiation.

Der Weg durch die drei Jahre, wie ihn Johannes beschreibt, ist der Weg der Menschheitsinitiation.[43] Darum erfolgt die Tempelreinigung gleich am ersten Osterfest. Mit ihr setzt Jesus ein Zeichen, das die Wissenden, unter ihnen Nikodemus, zu deuten verstanden.

Für Johannes ist Jesus «der vollkommene Gnostiker» (Bultmann).

Christus selbst stellt die Verbindung zu Tod und Auferstehung her durch das Logion:

> Brecht ab den Tempel, in drei Tagen
> will ich ihn auferbauen.

Die Juden verstehen die Worte nicht; und auch die Jünger begreifen erst «nach seiner Auferstehung von den Toten», dass er «vom Tempel seines Leibes» sprach. Johannes aber betont den Zusammenhang durch die Motivklammer der Peitsche. Am Beginn der drei Tage von Tod und Auferstehung auf Golgatha steht Christus an der Geißelsäule. Am Kreuz erwächst der Neue Tempel – nicht mit Händen gebaut: in drei Tagen.

Das Wort

Der Prolog des Johannesevangeliums zeigt an, wie das Buch zu verstehen ist: als Meditationsbuch. Genauer sagt es der erste Satz: «Im Anfang war das Wort.» Wörtlich heißt es: In Anfang, anfänglich, oder: In den Anfang hinein war der Logos. Das bedeutet, dass der Logos schon vor dem Anfang war. Er war immer; und er setzt den Anfang.

Der Logos ist also im Anfang zeitlos zu denken, nicht so der Anfang: Mit dem Anfang entsteht die Zeit. Und alles, was entsteht, entsteht in der Zeit und hat jeweils einen neuen Anfang. Der Logos ist der «Herr der Zeit», weil er den Anfang setzt.

Wenn der Logos im Anfang war und immer war,

außerhalb der Zeit, dann *ist* er; und er *wird sein,* auch wenn das Werden ein Ende hat. Dem Anfang entspricht ein Ende. Der Logos ist Anfang und Ende zugleich, weil er ist. Darum wurde er nicht: Er *war* – im Anfang.

Logos heißt Wort. Es gibt aber noch mehr Bedeutungen. Goethe hat dem Wort, das im Anfang war und immer ist, auch Sinn, Kraft und Tat zugesprochen.[44] Das Wort ist sinnvoll; es bedeutet; es enthält einen Gedanken: *Seinen* Gedanken. Sein Gedanke wird im Wort vernehmlich. Im Anfang ist dies der Gedanke Gottes.

Der Gedanke ist (Logos endiáthetos). Aber wirklich ist er nur im Wort (Logos prophorikós).[45] Das Wort ist der wirkende Gedanke. Insofern hat Faust richtig übersetzt, wenn er dem Wort auch die Tat zuschreibt. Im Anfang war das Wort als Tat: die Schöpfung.

Das Wort setzt einen Sprecher voraus. Im Anfang war dies nur Gott selber, der sich sprechend als Denker kundgibt; denn Gott spricht, was er denkt. In Gott sind Denken und Sprechen eine untrennbare Einheit. Als Denker ist Gott Geist. In diesem Sinne bemerkte Xenophanes: «Doch sonder Mühe erschüttert er alles mit seines Geistes Denkkraft.»[46]

Solange Gott nur denkt, entsteht nichts. «Gott sprach»[47]: Durch das Wort Gottes entstand die Welt – das Gedachte. Die Welt entstand wie gesprochen und gedacht im Geist Gottes. Gott ist das Sein, das Wort und der Geist. Das Wort ist also die zweite göttliche Person, die im Anfang *bei* Gott war. Es sind im Anfang Zwei, die aber immer noch Eines sind.

Aus dem Wort ist alles geworden. Dem Werden steht jedoch das Nichts entgegen – und damit die Vernichtung. Was entsteht, vergeht auch wieder: Leben und Tod.

Das Wort war im Gewordenen das Leben; das Leben aber war das Licht der gewordenen Menschen, ihr Quellgrund der Wahrnehmung. So steht der Mensch in der Evolution zwischen Sein und Nichts, Leben und Tod, Licht und Finsternis. «Die Finsternis hat's nicht erfasst.» Heraklit hat es auch so erlebt: «Diesen ewigen und wirklichen Logos verstehen die Menschen nicht, weder bevor sie ihn gehört haben, noch wenn sie ihn hören. Denn obwohl alles nach dem Weltgesetz des Logos geschieht, gleichen sie Ungeübten ...»[48]

Das Wort – der Logos – ist, lebt und leuchtet. Im Sein ist das Wort eins mit dem Vater, im Leben ist es eins mit sich selbst, und im Licht ist es eins mit dem Heiligen Geist. Es hat dem Menschen nacheinander den physischen Körper, den Lebensleib und den Denkleib der Seele verliehen, der im Innern leuchtet und zu Sinneserkenntnis befähigt. Aber die Seele ist aus Licht und Finsternis gewoben: Die Finsternis der Seele hat das Wort nicht erfasst; denn das Wort war noch nicht in der Seele; es wurde auf der Sonne gesucht – bis zur Jordantaufe. Da geschah es: «Das Wort ward Fleisch.» Dies ist die zentrale Botschaft des Johannes, mit der Ergänzung: ... und ging durch den Tod, um die Menschheit zur Auferstehung zu führen (Anástasis). Davon konnten weder Heraklit noch Salomo etwas wissen. Salomo zugeschrieben wurde der Satz: «Gott der Väter und Herr des Erbarmens, du hast das All durch dein Wort gemacht.»[49]

Das Wort, das im Anfang war, trägt im Alten Testament den Namen Weisheit. Auch die Weisheit wird – von Salomo – personal gedacht. «Gib mir die Weisheit, die an deiner Seite thront.»[50] Gott hatte sie im Anfang: «Der Herr hat mich geschaffen im Anfang seiner Wege, vor seinen Werken in der Urzeit.»[51] Das «Geschaffensein» der Weisheit in den Sprichwörtern wird johanneisch als «Hervorgang» gedeutet; denn der Christus spricht: «Ich und der Vater sind eins.» Er geht hervor, ohne das Einssein zu verlieren.

Der Sohn ist nicht geschaffen, sondern gezeugt. Als Logos stieg die Weisheit ab: zur Inkarnation in Jesus von Nazareth. Vorgebildet ist auch dies in den salomonischen Sprichwörtern:

> Die Weisheit hat ihr Haus gebaut,
> ihre sieben Säulen behauen.[52]

Johannes der Täufer bezeugt die Inkarnation: nicht die Geburt im Stall zu Bethlehem, sondern das Geschehen am Jordan, als Jesus von Nazareth ungefähr dreißig Jahre alt war.[53] Und der Geist Gottes kam herab gleich einer Taube «und blieb auf ihm» – ähnlich wie bei der Schöpfung: «Und Gottes Geist schwebte über dem Wasser». Zu ergänzen ist das Wort des Vatergottes nach Lukas: «Heute habe ich dich gezeugt.»[54]

Johannes der Evangelist bezeugt das Wort Gottes, insofern es vom Christus in dessen Logien ausgesprochen und von Johannes als Evangelium niedergeschrieben wurde.

Die beiden Johannes sind die zwei Zeugen der Inkarnation des Logos und seines Erdenwegs durch die drei Jahre: der Zeichentaten und des Passionsweges, der zur Auferstehung führt.[55]

Inkarnation heißt: Der Logos, das Wort, das im Anfang war, wird zum Christus. Im Sinne des Johannes ist der Christus der Logos. Das sagt der Prolog;[56] ähnlich auch der Prolog des ersten Briefes. Nur so ist das Johannesevangelium zu verstehen – *wörtlich,* dem Sinne gemäß, zeichenhaft und existenziell erhebend, als Übungsweg für denkende Menschen, die guten Willens sind.

Die Zeit

Johannes versteht sich nicht als Chronist, sondern als Theologe. Umso gewichtiger sind seine zahlreichen Hinweise auf den Zeitpunkt der Ereignisse. Der Leser seines Evangeliums spürt: Das ewige Wort Gottes hat wirklich unter uns gelebt – in Zeit und Raum.

Der Bezugspunkt für die allgemeine Zeitrechnung auf Erden ist die Geburt Jesu nach Lukas.[57] Von diesem Zeitpunkt an wird vor- und zurückgezählt und Mitte gebildet.[58] Johannes blickt allerdings nicht auf die Geburt in Bethlehem, sondern – mit Markus – auf Inkarnation (Taufe), Tod und Auferstehung des Logos. Er kannte die Überlieferung der Synoptiker, durch die sein Evangelium eine vielfältige Ergänzung erfährt.[59]

Johannes war Augenzeuge auf Golgatha. Er macht genauere Angaben als die Synoptiker. Nach seiner Darstellung fand die Kreuzigung am «Rüsttag» zu einem großen Passahfest statt. Das bedeutet: an einem Freitag. Ein großes Passah – am Sabbat – gab es in dem in Frage kommenden Zeitraum nur am 15. Nisan (4. April) des Jahres 33. Denn das Jahr 30, an dem der Rüsttag ebenfalls ein Freitag war, scheidet nach Lukas aus: Jesus war bei der Jordan-Taufe «etwa dreißig Jahre alt».

Wenn die christliche Zeitrechnung mit der Geburt nach Lukas beginnt, darf die Taufe mit dem 6. Januar 31 angesetzt werden. Denn am 25. Dezember 30 wurde

Jesus von Nazareth dreißig Jahre alt. Johannes der Täufer hatte mit seinem öffentlichen Wirken wohl im Herbst 28 begonnen. Er ist der «Vorläufer» und vor allem Zeuge der Inkarnation. Johannes der Evangelist ist der Zeuge von Tod und Auferstehung.

Johannes beschreibt – strukturbildend – drei Ostern: unter Berücksichtigung der lukanischen Überlieferung in den Jahren 31, 32, 33. Das sind die drei Jahre, in denen der Logos unter uns Wohnung nahm.[60] Die Todeserfahrung Christi erfolgte «zur neunten Stunde», also gegen 15.00 Uhr, am Freitag, 14. Nisan (3. April) des Jahres 33. Dies ist die Geistgeburt des wahren menschlichen Ich; denn der Tod wurde in dieser Stunde überwunden und offenbarte sich im Ich-bin als das wahre Leben. Das erfahren am Karsamstag zuerst die Toten, dann, am Ostersonntag, 5. April, die damals auf Erden Lebenden: Das Grab war leer.

Johannes erwähnt – nach dem Zeugnis des Täufers – für den ersten Tag die Taufe am Jordan und für die beiden folgenden Tage die Begegnung mit Jüngern des Täufers, die sich nun Jesus anschließen, in dem sie den Messias erkennen. Diese *ersten drei Tage* entsprechen den *letzten drei Tagen* im Erdenwirken des Logos. Die Jünger fragen nach seinem «Zuhause». Aber das Evangelium zeigt: sein «Zuhause» ist Ausgangspunkt einer Wanderschaft. Sein Weg beschreibt ein rhythmisches Hin und Her zwischen Jerusalem und Galiläa, wobei der See Genezareth eine bedeutsame Rolle spielt.

Im Anschluss an die Hochzeit zu Kana (1. Zeichen)[61] heilt Christus den fieberkranken Knaben in Kafarnaum (2. Zeichen) und zieht dann mit seinen Jüngern zum *ersten Osterfest* im Jahre 31 nach Jerusalem, reinigt den

Tempel und hat in dieser Zeit auch das nächtliche Gespräch mit Nikodemus.

Nach Ostern 31 wandert Christus durch Judäa und Samaria. Um Pfingsten, zur Zeit der Weizenernte, spricht er mit der Samariterin am Jakobsbrunnen. Ihr offenbart er sich als das menschheitliche Ich-bin. Zu einem weiteren Fest im Verlauf des Jahres 31 (Herbstfest?) ist Christus wieder in Jerusalem und heilt den 38 Jahre Gelähmten am Teich Bethesda (3. Zeichen). Anschließend offenbart er sich in einer großen Rede als «vom Vater gesandt».

Das *zweite Ostern* verbringt Christus am See Genezareth. Am Bergeshang speist er «5.000 Mann» (4. Zeichen), auf dem See erscheint er den Jüngern (5. Zeichen), und in der Synagoge zu Kafarnaum offenbart er sich in einer zweiten großen Rede als *das Brot des Lebens*.

Im Herbst 32, auf dem Laubhüttenfest und danach, lehrt Christus im Tempel zu Jerusalem. Man versucht, ihn zu ergreifen, aber «seine Stunde ist noch nicht gekommen». Er rettet eine Ehebrecherin vor der Steinigung, offenbart sich als *das Licht der Welt* und heilt den von Geburt an Blinden (6. Zeichen). Schließlich hält er, ebenfalls noch im Herbst 32, die dritte große Rede, in der er sich als *die Tür* und als *der gute Hirte* bezeichnet. Gleich anschließend, zur Weihnachtszeit auf dem Tempelweihefest, nennt er sich eins mit dem Vater und zieht sich dann über den Jordan zurück, um der Wut der Menschen zu entgehen. In der Gegend «wo einst Johannes taufte», kamen im Januar und Februar 33 viele Menschen zu ihm.

Der 23. Februar 33 gilt als Tag der Erweckung des Lazarus (7. Zeichen).[62] Zu Martha spricht er *Ich bin die*

Auferstehung und das Leben. Die siebente Zeichentat bildet die innere Mitte des Evangeliums: wenige Wochen vor der Erhöhung Christi am Kreuz.

Die Salbung in Bethanien erfolgte «sechs Tage vor dem Passahfest» im Jahre 33. Beim messianischen Einzug in Jerusalem, am «Palmsonntag» den 9. Nisan, sprach Christus über Licht und Finsternis. Das letzte Abendmahl fand am Donnerstag, den 2. April 33, statt (13. Nisan). Johannes berichtet – an Stelle der Einsetzung («Dies tut zu meinem Gedächtnis») – von der Fußwaschung («so sollt auch ihr einander die Füße waschen»). Nach dem Weggang des Verräters hält Christus die vierte und größte aller Reden: Er bezeichnet sich als *den Weg, die Wahrheit und das Leben* und als *den wahren Weinstock*. Es handelt sich um eine Folge von Reden (Abschiedsreden), die mit dem großen Gebet der Einung enden.

Noch in derselben Nacht erfolgen Gefangennahme und die Verhöre vor Hannas und Kaiphas. Das Verhör vor Pilatus findet am Freitag, 14. Nisan, in der Morgenfrühe statt, die Verurteilung kurz vor Mittag, die Kreuzigung etwa «um die 6. Stunde, Mittag». Vom Kreuz herab stiftet Christus die geistige Verbindung des Johannes mit der Mutter. Der Tod trat – ungewöhnlich früh – gegen drei Uhr nachmittags ein (9. Stunde).

Am Passahfest, dem *dritten Ostern*, ist Christus im Totenreich. Mit der Auferstehung am Sonntagmorgen, dem leeren Grab und der Erscheinung vor Maria Magdalena, beginnt das *christliche Osterfest (5. April 33)*: Der Tod ist besiegt. Christus hat sich als der wahrhaft Lebendige geoffenbart.

Obgleich Johannes – wie kein anderer – aus innerer Erfahrung spricht und auch im Leser nicht Geschichts- sondern Geist-Erkenntnis anregen möchte, zeigt seine Darstellung der Inkarnation des Logos in den «drei Jahren» an einigen Stellen die größtmögliche Genauigkeit in Bezug auf Zeit und Raum. Der Meditierende spürt die Übereinstimmung von Erdenwelt und Himmelswelt. Der Christus ist als Sohn Gottes eins mit dem Vater, zugleich aber, als «Menschensohn», eins mit dem wahren Menschen als dem Geschöpf Gottes. Als göttliches Licht ist er das «Licht der Welt». Und wenn er wandelt, dann in Übereinstimmung mit dem Wandel der Planeten. Das bezeugt das denkwürdige Gespräch mit seinen «Brüdern» (7, 3 f.). Sie sagen, er möge zum Laubhüttenfest nach Jerusalem gehen; und er antwortet, sein «Kairos», der rechte Augenblick, sei noch nicht gekommen. Er geht einige Tage später und kommt dann am vierten Festtag an. Es heißt, er ging unerkannt, «wie im Verborgenen». Aber «heimlich» hätte er auch früher gehen können. Im Übrigen spricht er ja öffentlich im Tempel und dies aus Prinzip: Vor Hannas betont er, nie im Verborgenen gelehrt zu haben (18, 20).

Auch zu Lazarus geht Christus im rechten Augenblick. Und in diesem Sinne heißt es immer wieder, dass «seine Stunde» noch nicht gekommen sei. Aus diesem Grunde scheitern alle Versuche, ihn festzunehmen.[63] Die Juden haben keinen Zugang zur Wirklichkeit der Zeit. Der Christus sagt es von seinen Brüdern. Auch ihnen mangelt qualitatives Zeitempfinden: «Doch eure Zeit ist alle Zeit.» Sie können gehen, wann es ihnen gerade einfällt.[64] Er hingegen wartet auf den Kairos. Genauer gesagt: er ist selbst der Kairos. Darum nennt ihn Schelling den «Herrn der Zeit».

Der «Herr der Zeit» hat durch seine Inkarnation die irdische Zeit *aufgehoben* in den Rhythmus. Er sieht die Zukunft in der Gegenwart: «Es kommt die Stunde, und sie ist schon da.» (5, 25) Und darum kann er von Johannes, dem «Jünger, den der Herr liebte», sagen, er bleibe bis zur Wiederkehr (21, 22 – 23). Nachdem Johannes aber zu Anfang des zweiten Jahrhunderts gestorben ist, kann das Herrenwort als Hinweis auf Wiederverkörperungen verstanden werden. Anders könnte er nicht «bleiben». Christus war auf Erden der Dreizehnte; Johannes ist der Dreizehnte im Rhythmus wiederholter Erdenleben – bis zur Wiederkehr des Kyrios Christos «in den Wolken», auf ätherischer Seinsebene.

Damit wird die Zeit zur Bedingung der Entwicklung. Der Mensch entwickelt sich in der Zeit, die immer wieder aufgehoben wird. Die kreisende Zeit der Alten, in der es keine Entwicklung geben kann (nur Rückkehr zu Gott), erhält durch Christus Mitte, Anfang und Ziel. Im Johannesevangelium liegt der Keim zur Entwicklungsidee, die Origenes anfänglich und Lessing in voller Klarheit dargestellt hat.[65]

Die Wahrheit

Das Johannesevangelium ist das Evangelium der Wahrheit.[66] Die Wahrheit ist Gott. Für sich genommen ist sie Zeichen des Vaters. Der Sohn ist das Wort der Wahrheit. Wenn Gott sagt: «Ich bin die Wahrheit», dann ist er selbst das Wort der Wahrheit. Wort und Wahrheit sind eins in Christus.

Der Mensch, auf Erden, kann nur an der Wahrheit teilhaben. In Christus ist die Wahrheit Fleisch geworden.

Darum kann der Sohn Gottes als Menschensohn sagen: «Ich bin die Wahrheit.» Der Christus ist als Sohn Gottes nicht Teilhaber der Wahrheit, sondern die Wahrheit selbst. Er ist die Wirklichkeit der Wahrheit. Wahrheit ist wirklich.

«Was ist Wahrheit?», fragt Pilatus. Sie steht vor ihm; aber er sieht sie nicht. Und Christus kann seine Frage nicht beantworten, weil sie nur jeder Mensch selbst, aus dem eigenen Ich, beantworten kann – insofern es an der Wahrheit teilhat. Die Wahrheit ist das Ich-bin. Johanneisch gedacht ist die Wahrheit Person.

Es kommt alles darauf an, sich der Teilhabe an der Wahrheit bewusst zu werden. Nur als Teilhaber kann der Mensch wissen, wer oder was die Wahrheit ist; denn nur Gleiches erkennt Gleiches. Die Wahrheit erkennen heißt: sich selbst erkennen. So ist das Wort Christi anfänglich zu verstehen:

> Wer aus der Wahrheit ist,
> hört meine Stimme.

Die Stimme der Wahrheit kommt aus der Wahrheit; darum kann sie auch nur vernehmen, wer selbst aus der Wahrheit ist. Denn das Sein *ist* die Wahrheit.

Wer glaubt, im Besitz der Wahrheit zu sein, hat sie schon verfehlt. Die Wahrheit kann man letztlich nur sein, weil sie das Sein ist.[67]

Das Sein ist – für sich genommen – unbewegt: der «unbewegte Beweger», wie Aristoteles sagt. Aber die inkarnierte Wahrheit ist in Bewegung. Sie ist der Weg.

Die Bewegung der Wahrheit ist die Wahrheit als Weg. Auf Erden kann sie nicht stillstehen. Darum ist sie auch nur in Bewegung erfahrbar: von Menschen, die auf dem Wege sind.

Jeder Weg hat ein Woher und Wohin. Das Woher ist die Wahrheit. Nur «wer aus der Wahrheit ist», kann den Weg der Wahrheit erkennen. Das Wohin ist die Wahrheit. Insofern sie auf dem Weg der Frohen Botschaft des Johannes erfahren wird, offenbart sie sich als das «wahre Leben»: Die Wahrheit ist das Leben des Geistes.»[68]

Das Leben ging durch die Erkenntnis verloren. Darum kann es auch nur durch die Erkenntnis wiedergewonnen werden. Voraussetzung ist die von Johannes dem Täufer angemahnte Umwendung, die den Geist herbeiruft, wie ihn Johannes der Evangelist verkündet.

Das Johannesevangelium ist als Evangelium der Wahrheit der Weg zum wahren Leben. «Wie können wir den Weg erkennen?», fragt Thomas; und Christi Antwort lautet:

Ich bin der Weg, die Wahrheit und das Leben.
Es kommt niemand zum Vater denn durch mich.
Habt ihr erst mich erkannt,
dann werdet ihr auch meinen Vater kennen.
Jetzt kennt ihr ihn,
denn ihr habt ihn gesehen.

Insofern die Wahrheit inkarniert ist, kann sie in Christus erkannt werden. Im Sohn sehen die Jünger auch den Vater. Nach Christi Himmelfahrt darf die Hilfe des Heiligen Geistes herbeigerufen werden.

Der Heilige Geist eröffnet den Weg zur Freiheit. Denn in der Wahrheit leben heißt wahrhaft frei sein, frei von den Zwängen der «Welt»:

Erkennen werdet ihr die Wahrheit.
Die Wahrheit macht euch frei. (8, 32)

Gott ist die Wahrheit. Christus ist von ihr erfüllt; insofern ist auch der *Sohn* die Wahrheit, die er sagt (8, 45). Durch den *Geist* wirkt die Wahrheit: Er ist der «Geist der Wahrheit» (16, 13).

Der Geist

Ziel der Entwicklung ist die Vergeistigung. Die Seele kommt aus dem Geist und wird wieder aufgehoben in das Geistsein (Apokatástasis).[69] Vom Paraklet als Helfer und kommenden Geist der Verklärung spricht – von den Evangelisten – nur Johannes. Die besondere Bedeutung des Heiligen Geistes für den Menschen heben aber auch die Synoptiker hervor. Bei Matthäus heißt es: «Alle Sünde und Lästerung wird den Menschen vergeben; aber die Lästerung gegen den Geist wird nicht vergeben. Und wer etwas redet gegen den Menschensohn, dem wird es vergeben; aber wer etwas redet gegen den heiligen Geist, dem wird's nicht vergeben, weder in dieser noch in jener Welt.»[70] Der Geist repräsentiert das höhere Selbst des Menschen, das den Willen zur Umkehr impulsiert. Wer dagegen lästert, lästert im Grunde gegen sich selbst.

Das griechische Wort «Pneuma» hat drei Bedeutungsebenen: physisch, seelisch, geistig. Auf der physischen Ebene kann es mit «Windhauch» übersetzt werden. Im nächst höheren Seinsbereich kommt es in der Literatur als «Seelenatem» vor, auch als Synonym für «Daimon» im Sinne einer ätherischen Manifestation eines Geistwesens. Für den Evangelisten Johannes ist die metaphysische Bedeutung maßgebend. Pneuma ist für ihn der Geist, speziell der Heilige Geist, der den

Menschengeist (Nus) erfüllen, überleuchten und lenken kann: der Geist Gottes, der von Vater und Sohn gesandt wurde – zu Pfingsten, zehn Tage nach der Himmelfahrt Christi. Vom Pfingstmysterium berichtet Lukas in seiner Apostelgeschichte. Es geht um das Mysterium des Geistes. Der Geist ermöglicht das Verstehen verschiedener Sprachen. Verstanden wird aber, genau genommen, nicht die Sprache, sondern der Geist der Sprache: was in ihr – logisch – zum Ausdruck kommt.

Nur wer vom Geist erfüllt ist, versteht das Wort, das den Weg zum Sein eröffnet. Seine Gaben sind Tugenden, die zu üben sind: Weisheit und Verstand, Rat und Stärke, Erkenntnis und Ehrfurcht und – zusammenfassend – wahre Frömmigkeit.[71]

Das Johannesevangelium ist das Evangelium des Geistes. Nur bei Johannes spricht Christus vom Geist als dem kommenden «anderen Helfer». Wie er selbst der Helfer ist, so wird es der Geist nach der Auffahrt sein. Damit ist auch der Heilige Geist personal – und in Einheit mit Vater und Sohn – zu denken.

Den Ausdruck «Parákletos – Helfer, Beistand, Fürsprecher» für den Geist Gottes erläutert Johannes: in fünf Sprüchen der Abschiedsreden und einmal im ersten Brief. Luther hat das Wort mit «Tröster» übersetzt. Im ersten Johannesbrief wird der Geist als «Salböl» bezeichnet.

Die Grundbedeutung von Paraklet ist aber «der Herbeigerufene». Das heißt: der Geist drängt sich nicht auf, er zwingt nicht. Er wartet auf die Initiative des Menschen. Dann hilft er mit der Eröffnung von Verständnis. Das Verstehen selbst ist ein logischer Vorgang: Wirken des Logos. Der Geist offenbart sich in der Bildekraft. Der Logos inspiriert. Ohne die Bildekraft des

Geistes bleibt die Inspiration des Logos ungehört. Wer aber verstanden hat, spürt den väterlichen Seinsgrund: So ist es.

In alten Zeiten hatte der Mensch ein grundlegend anderes Verhältnis zum Geist. Es war der allgemeine Geist, der – ausgehend vom Vater – einzelne Menschen «überkam». Der Pfingstgeist, der im Johannesevangelium angekündigt wird, begründet geistige Individualität. Jeder Mensch hat sein eigenes Geistflämmchen und damit seinen persönlichen Zugang zum christlichen Mysterium. Darum ist der Streit um das «filioque» kein müßiger Streit um Worte. Seit dem Ereignis von Golgatha geht der Geist nicht mehr nur vom Vater aus, sondern auch vom Sohn. Der Geist sagt nur, was er vom Sohn gehört hat (16, 15). Darum kann er in der Menschenseele geistig individualisierend wirken – wenn der Sohn in der Seele geboren wird. Nicht der Geist wird geboren, sondern der Sohn. Durch die Inkarnation des Sohnes wird – und weil nun nicht mehr nur der Vater, sondern auch der Sohn den Geist sendet – in jeder einzelnen Seele geistige Individualität möglich und damit persönliche Unsterblichkeit. Darum hat Luther richtig übersetzt. Der Geist ist wirklich auch der Tröster.

Im ersten Parakletspruch (14, 16 – 18) wird der Paraklet als «Geist der Wahrheit» bezeichnet und damit als Geist Gottes. Gott ist die Wahrheit. Wenn Christus von sich sagt: «Ich bin der Weg, die Wahrheit und das Leben», dann ist er selbst das Leben. Die Wahrheit ist er nur, insofern er eins ist mit dem Vater; und Weg ist er, insofern er eins ist mit dem Geist. Der Heilige Geist ist der Weg zum Verständnis des Logosmysteriums, weil der Logos im Geist wirkt. Darum heißt es: «Nicht lasse ich euch hier verwaist zurück, / ich komme zu euch.»

Wenn der Geist herbeigerufen wird und kommt, dann kommt mit dem Geist auch der Logos, der Sohn-Gott. Nur durch den Geist, insofern er sich innerseelisch offenbart, kann das Wort Gottes verstanden werden.

Wenn der Geist kommt, bleibt er, das heißt: Das Feuer des Geistes kann immer wieder neu entfacht werden.

Im zweiten Spruch (14, 26) wird vom Heiligen Geist gesagt, dass er die Jünger des Logos lehren wird, das Evangelium des Logos – die Worte, die der Christus auf Erden gesprochen hat – zu verstehen. Die Belehrung durch den Geist erfolgt durch Erinnerung.

Durch die Erinnerung wird ein äußeres Geschehen verinnerlicht. Die Logien Christi werden im Seeleninnern bewahrt und durch den Geist immer wieder neu belebt. Das Wort, das im Anfang war, wird gegenwärtig: als Keim für die Zukunft.

Im dritten Parakletspruch (15, 26 f.) heißt es vom Geist, dass er Zeugnis ablegt für den Christus. Das Bezeugen ist im Johannesevangelium von herausragender Bedeutung. Der Vater hat den Sohn gesandt: Das bezeugen die beiden Johannes. Der Täufer bezeugt die Inkarnation; der Evangelist bezeugt die Auferstehung. Dies doppelte Zeugnis bewirkt in der Seele Vertrauen und innere Sicherheit.

Auch der Vater bezeugt das Sein des Sohnes. Doch gilt dies nur für die Wahrnehmung des Sohnes, denn Menschen gegenüber ist der Vater verhüllt. Darum bedürfen die Menschen des Geistes. Der Heilige Geist bezeugt das Sein des Sohngottes für alle Menschen, die ihn auf die rechte Weise herbeirufen.

Das Bezeugen ist im Sinne des Johannes immer auch ein Zeugen: im Einswerden. Das Bezeugen des Geistes führt zur Geburt des Herrn in der Seele des Menschen.

Darum heißt es von den Jüngern, dass auch sie das Sein Christi bezeugen, denn sie sind bei ihm «von Urbeginn».

Der vierte Parakletspruch (16, 7 – 11) bezeichnet den Geist als Ankläger vor Gott. Er «wird die Welt der Sünde überführen», vom Rechten, aber auch vom Gericht künden. Damit ist der Paraklet der Geist der Unterscheidung, der dreifach wirkt im Sinne der göttlichen Trinität. Der Geist sagt in der Seele des Menschen, was Sünde ist: nicht an den zu glauben, den der Vater gesandt hat, weil er damit auch den Bezug zu Gott verliert; er wird gottlos. Das Rechte besteht darin, dass der Sohn zum Vater geht und sich der Sichtbarkeit entzieht – als Voraussetzung zum Kommen des Geistes. In Einsamkeit und Unsichtbarkeit eröffnet der Geist den Weg. Der Satz über das Gericht zeigt die Einheit des Sohnes mit dem Geist, denn er spricht von der Zukunft, die schon ist: «Gerichtet ist der Herrscher dieser Welt.»

Der fünfte Spruch (16, 13 – 15) nimmt die Bezeichnung «Geist der Wahrheit» aus dem ersten Spruch wieder auf; denn er ist es, der die Geist suchende Seele «in die volle Wahrheit» führen kann, weil er – wie der Sohn – vom Vater ausgeht und mit ihm eins ist. Er ist, was der Vater spricht: als sein Geist. Weil er mit dem Wort am Anfang war, kann er auch das Kommende künden. Der Geist verbindet in seinem Wesen Anfang und Ende. Als Geist des Vaters ist er der Glanz des Sohnes: seine Verklärung.

Wenn der Geist den Christus verklärt, sind Menschen und Erde einbezogen, denn Himmelfahrt bedeutet nicht, dass Christus die Erde verlassen hat. Der Ausdruck ‹Verklärung› hätte anders keinen Sinn. Im reinen Sein des Geistes bedarf Christus keiner Verklärung.

Wenn aber der Geist zur Seele spricht, ist dies nichts anderes als das Wort des Vaters. Der Vater spricht das Wort. Aber ohne die Hilfe des Geistes kann der Mensch es nicht verstehen.[72] Darum bedarf er der «Salbung», wie sich der Evangelist im ersten Brief ausdrückt. ‹Salbung› heißt in diesem Zusammenhang: christlich werden *durch den Geist*.[73]

Der Gesalbte ist Christus. Aber durch den Heiligen Geist kann jede suchende Seele «gesalbt» werden und damit in die große Verklärung einbezogen werden, die durch Inkarnation, Tod und Auferstehung Christi ihren Anfang genommen hat. Die Einbeziehung ist verbindlich; denn es ist der Geist, der die Verbindung herstellt. Johannes und Paulus sprechen in diesem Zusammenhang von Liebe. Die Liebe des Heiligen Geistes ist die für den Menschen höchste Art der Erkenntnis: Intuition, Einssein, Ich-im-Ich. Jede höhere Erkenntnis setzt die höchste voraus, das Ich-im-Ich, in dem Mensch und Gott Eins sind, wenn sich im «Ich bin» der Christus offenbart.

Insofern der Geist von Vater und Sohn gesandt wird, ist die Liebe im Uranfang. Im Uranfang ist sie bei Gott. Gott ist die Liebe. Aus Liebe sandte Gott den Sohn. Der Sohn bringt die Liebe Gottes auf die Erde. Aus Liebe geht er den Weg des Leidens und Sterbens, damit der Geist *als Liebe* unter Menschen wirken kann, wann immer sie sich im innersten Ich umwenden – hin zum höheren Ich.

Glauben, Erkennen, Lieben

Wenn Anselm von Canterbury (1033–1109) schreibt: «Credo ut intelligam – Ich glaube, um zu erkennen» und anschließend die Existenz Gottes durch einen logischen Gedankengang zu beweisen versucht, dann zeigt er, dass die Wörter Glauben und Erkennen für ihn zwei deutlich voneinander zu unterscheidende Bedeutungsfelder haben. Sein Glaube steht nicht in Frage, ist vielmehr die Ausgangsstimmung für die rein logische Beweisführung, hat aber für sich genommen keine Erkenntnisqualität. Auf der anderen Seite mangelt dem logischen Denken das Sein: Auf das Sein Gottes wird nur logisch geschlossen. Im Glauben ist es vorausgesetzt und ohne diese Voraussetzung logisch nicht zu erreichen.

Demgegenüber sind bei Johannes Glauben und Erkennen, Sein und Denken, Wirklichkeit und Logik untrennbar verbunden, schon durch den Kernsatz des Evangeliums: Der Logos ward Fleisch. Im Fleisch ist er wirklich. Und in der Auferstehung ist auch das Fleisch so lebendig wie der Logos.

Die Pharisäer konnten so nicht denken. Für sie ist die Erkenntnis an die Überlieferung gebunden. Nikodemus, der als einer von ihnen die Wirklichkeit des Logos erleben durfte, wird zurechtgewiesen:

> Forsche
> und dann erkenne: Der Prophet
> kommt nicht aus Galiläa. (7, 52)

Für die Oberpriester und Pharisäer resultiert die Erkenntnis aus dem Studium der Bücher. Die offenbare Wirklichkeit blieb ihnen so verschlossen.

Ganz anders Petrus. Er spricht zum Christus, als einige Jünger zweifeln, andere sich abwenden:

> Wir glauben und wir haben
> erkannt: Du bist von Gott – der Heilige. (6, 69)

Glauben und Erkennen sind hier nahezu identisch. Der Glaube wurde zu Wissen. Dies «Petrusbekenntnis» unterscheidet sich von jenem, das Matthäus berichtet. Am Berg der Verklärung, unmittelbar vor dem Aufstieg, bekennt Petrus: «Du bist der Christus, der Sohn des lebendigen Gottes.» Und Christus antwortet: «Fleisch und Blut haben dir dies nicht offenbart, sondern mein Vater im Himmel.» (Mt 16, 17) Mit dieser Formulierung betont Matthäus, dass das Glaubensbekenntnis nichts mit Erkenntnis zu tun hat. Der Glaube des Petrus wird ihm durch Gnade vom Vater im Himmel zuteil. Johannes hingegen fügt seinem Glauben das Erkennen hinzu.[74]

Auch Erkennen erfolgt nicht ohne Gnade (Charis); aber der Glaubensbegriff erhält bei Johannes eine gegenüber Matthäus deutliche Vertiefung und Erhellung: «Wir glauben und wir haben / erkannt.» Bei Thomas vollzieht sich die umgekehrte Bewegung: vom Zweifel über die Erkenntnis zum Glauben. Ihm wird die Gnade zuteil, den Geistkörper des Auferstandenen berühren zu dürfen. Die Berührung führt zur Erkenntnis, die aber eins ist mit dem Glauben; denn der Christus sagt nicht: «Erkenne», sondern: «Sei nicht ungläubig, glaube!» Und er fügt hinzu, dass der Glaube der Wahrnehmung nicht bedarf. Das gilt auch für die Geisterkenntnis. Die Sicherheit des Glaubens und Erkennens kann keine Wahrnehmung vermitteln – ob sinnlich oder übersinnlich. Darum gilt der Satz: «Selig, wer nicht sieht, / und doch glaubt.» Dass Thomas den Herrn erkennt, liegt nicht an der Berührung, sondern an der Selbsterkenntnis des Herrn und dessen überfließender Gnade in der Berührung durch Thomas.

Der Glaube des Thomas ist nicht die Voraussetzung, sondern das Ende des Wissens. So hat auch Schelling den Glauben beschrieben: «die strenge Zucht der Wissenschaft» muss «dem Glauben vorausgehen, ob wir gleich erst durch den Glauben, d. h. durch den Besitz der allen Zweifel aufhebenden Gewissheit, gerecht, d. h. eigentlich vollendet werden».[75]

Die höchste Erkenntnis ist die Erkenntnis Gottes und seines Sohnes Jesus Christus. Sie ist das «ewige Leben»:

> Dies aber ist das ewige Leben: dich erkennen,
> den einen wahren Gott, und den,
> den du gesandt hast, Jesus Christus. (17, 3)

An Christus glauben heißt anerkennen, dass er der Gottgesandte ist, der den Tod überwindet und die Menschen, die guten Willens sind, zur Auferstehung führt, zum wahren Leben; heißt auch: an seinen Namen glauben, das wahre göttliche Ich-bin:

> Wer aber nicht glaubt, ist gerichtet,
> weil er nicht an den Namen
> von Gottes eingeborenem Sohn
> glaubt. (3, 18)[76]

Auch das Gerichtetsein im Nichtglauben «wird sein und ist schon jetzt». Glauben aber ist keine einfache Alternative, sondern ein Weg, der stufenweise zur Erkenntnis führt. Zahlreich sind die Stellen, an denen Johannes das Nicht-Verstehen der Juden dem Erkennen entgegensetzt. Aber auch die Jünger: Zwar glauben sie an Christus, gleichwohl wird immer wieder ihr Nicht-Verstehen offenbar.[77] Das betonen alle vier Evangelisten. Glauben und Erkennen sind also zwei verschiedene Seelenkräfte. Aber der Glaube kann die Erkenntniskraft in sich aufnehmen. Das zeigt Johannes in seinem Evangelium. Entsprechend heißt es bei Nikolaus von Kues: «Die Weisheit setzt nämlich den Glauben voraus,» und Gerhard Kienle sprach vom «Erkenntnisglauben».[78]

In dem durch Erkenntnis vertieften Glauben das Mysterium des Kreuzes verstehen, kann letztlich nur Lazarus-Johannes, weil er die Auferstehungskraft des Logos am eigenen Leibe und in der eigenen Seele erfahren hat. Aber der Christus erwartet es auch von Martha. Sie glaubt an Jesus, den Christus. Er aber erwartet mehr. Er spricht zu ihr: «Dein Bruder wird auferstehen (ἀναστήσεται).» Sie bezieht die Aussage auf den «letzten Tag». Daraufhin offenbart er sich selbst als «die Auferstehung und das Leben». Was sein wird, ist schon jetzt: in Ihm. Aber damit sich das Lazarus-Mysterium ereignen kann, bedarf der Christus nicht nur der Hilfe des Vaters, sondern auch der gesteigerten Glaubenskraft eines Menschen. Fast beschwörend klingt seine Frage: «Glaubst du das?» Und sie kann ihrem Glauben an Christus aus sich heraus hinzufügen: «Gottes Sohn». Und der Christus sagt nicht, dass ihr die Erkenntnis von seinem Vater im Himmel eingegeben wurde. Woher also hat sie die Kraft des Glaubens, die zur höchsten Erkenntnis führt? Hierauf kann es wohl nur eine Antwort geben: durch die geistige Liebe, die ihren Glauben mit jener Kraft erfüllt. Und das ist letztlich auch der Grund für das Petrusbekenntnis in der Sicht des Johannes. Die Liebe sagt ihm: Der Christus ist Gottes Sohn.

In der Tat: Johannes erweitert den Begriff des Glaubens nicht nur durch das Licht der Erkenntnis, sondern über die Erkenntnis auf der Verstandesebene hinaus in den Bereich der höchsten Liebe, wo das Denken zum geistigen Wahrnehmungsorgan wird. «Die Liebe schärft auch das Auge,» sagt Fichte.[79] Und Rudolf Steiner ergänzt: Denken ist «Kraft der Liebe in geistiger Art.»[80] Aus Liebe quillt das Licht der Erkenntnis und des wahren Glaubens. Das ist auch die Erfahrung Goethes. In *Wilhelm Meisters Lehrjahren* heißt es: «Was ist denn Glauben? Die Erzählung einer Begebenheit für wahr halten, was kann mir das helfen ... Ein Zug brachte meine Seele nach dem Kreuze hin, an dem Jesus einst erblasste; ein Zug war es, ich kann es nicht anders nennen, demjenigen völlig gleich, wodurch unsre Seele zu einem abwesenden Geliebten geführt wird, ein Zunahen, das vermutlich viel wesentlicher und wahrhaftiger ist, als wir vermuten. So nahte meine Seele dem Menschgewordnen und am Kreuz Gestorbenen, und in dem Augenblicke wusste ich, was Glauben war.»[81]

Martha ist keine Philosophin; aber ihre Glaubenskraft offenbart etwas von dieser erhellenden Qualität der geistigen Liebe, die im Ansatz das Pfingstfest vorwegnimmt. Es heißt im elften Kapitel ausdrücklich: «Jesus liebte Martha und ihre Schwester und Lazarus.» Johannes gebraucht hier das Wort für die höchste, die geistige Liebe: Agape. Und Martha wird zuerst genannt, obwohl es um Lazarus geht und er der Lieblingsjünger ist. Das bedeutet: es ist die Liebe des Geistes, die Jesus und Martha verbindet; und es ist die Liebe des Geistes, die ihr die Kraft verleiht zur Zeugenschaft für das Lazarusmysterium. Sie wird geliebt, und sie liebt; darum kann sie die Liebe bezeugen, die zur Erweckung ihres

Bruders führt. Mehr noch: sie kann die Auferstehungskraft bezeugen, die in der Erweckung offenbar wird; denn er ist gestorben; und Christus gebraucht das Wort «Auferstehung (Anástasis)».

Wenig später, beim letzten Abendmahl, liegt Lazarus-Johannes an der Brust des Herrn: ein Bild der höchsten Liebe.[82] Und in den Abschiedsreden formuliert Christus sein «neues Gebot»: die Menschen verbindende Liebe:

Liebet einander, wie ich euch geliebt,
auf dass auch ihr einander liebt.
Als meine Jünger werdet ihr erkannt,
wenn Liebe waltet unter euch. (13, 34 f.)[83]

Grundlegend ist die Liebe zwischen Vater und Sohn. «Der Vater liebt den Sohn»[84]; denn Gott ist die Liebe. Der Sohn ist das Licht als Außenseite der Liebe. Im Licht des Sohnes erglänzt die göttliche Liebe. Der Sohn liebt den Vater; denn er ist «Prägebild seines Wesens»[85]; und er liebt als der «gute Hirte» seine Schafe: «Wie mich der Vater liebt, so liebe ich euch.» (15, 9)[86] Für seine Schafe gibt er das Leben seiner Seele. Größere Liebe ist nicht denkbar, «als für die Freunde sein Leben geben». Das Leben, das er gibt, nimmt er auch wieder (10, 17), sonst gäbe es keine Auferstehung. Der Christus verliert nicht sein Leben durch den Akt der Hingabe, weil er selbst das Leben ist: Nur das ewige Leben kann den Tod besiegen.

Die Liebe des guten Hirten ist so groß, dass er auch noch «andere Schafe» einbezieht (10, 16), die nicht zu jenem Stall gehören, der durch die Zwölf Apostel repräsentiert wird. Auch an dieser Stelle wird deutlich, dass

Christus nicht nur der erwartete Messias ist, sondern der Heiland der Welt.

Gott-Vater liebt die Welt («Also hat Gott die Welt geliebt...3,16). Der Sohn liebt sie auf diese Weise nicht,[87] weil sie sich dem Bösen verschrieben hat, aber er heilt, erlöst und richtet «die Welt». Christus liebt die Menschen, um sie aus «dieser Welt» ins ewige Leben zu führen. Dazu bedarf es aber der Umwendung durch den Geist im Ich. Vater und Sohn senden den Geist, damit die Menschen an Stelle der «Welt» Gott lieben lernen. Gottliebe schließt durch Christus die Bruderliebe ein. Darum kann Johannes schreiben: «Wir wissen, dass wir übergegangen sind vom Tod ins Leben, weil wir die Brüder lieben.»[88] Und weil Gott die Liebe ist, führt die Bruderliebe zur Erkenntnis Gottes. Wer aber «Gott nicht liebt, hat Gott nicht erkannt».[89]

Die Trias Glauben, Erkennen, Lieben bildet die Grundstimmung im Johannesevangelium. Diese drei Seelenkräfte sind jeweils für sich wirksam, aber jede hat auch etwas von den beiden andern. Die höchste aber ist, wie bei Paulus, die Liebe.[90] Es ist die Liebe des Geistes, die Vater und Sohn verbindet, aber auch Gott und den Sohn mit den Menschen, die guten Willens sind. Darum endet das große Gebet des Lichtes und der Liebe mit dem Anruf an den Vater:

> Verkündet hab ich deinen Namen, und
> ich werde ihn verkünden.
> damit die Liebe, die uns eint,
> in ihnen ist
> und ich in ihnen bin. (17, 26)

Das Logion Christi sagt: Liebe ist In-Sein des Geistes. Die Vater und Sohn verbindende Liebe ist auch in den Menschen, die der «gute Hirte» zu seinen Schafen zählt. Insofern ist er auch selbst «in ihnen»: in jedem Einzelnen. Damit erhält das Bild von Hirt und Herde durch den Geist eine entscheidende Abwandlung. Das Führungsprinzip (Hegemonikón) wird in den einzelnen Menschen gelegt. Christus führt, aber von innen, aus Seelen heraus, die vom Geist erleuchtet sind. Das führende Prinzip ist die Liebe. Aber nicht Christus ist die Liebe, sondern «Gott ist die Liebe», die in Christus wirkt und als Heiliger Geist die Menschen zur Freiheit veranlagt. Ohne Liebe keine Freiheit. Das ist die Pfingstbotschaft des Johannes. In diesem Sinne schreibt Johann Gottlieb Fichte im Jahre 1806: «Der Mittelpunkt des Lebens ist allemal die Liebe.»[91]

Johannes hat in einem Akt höchster Selbsterkenntnis in sich den Geist als Liebe erkannt. Darum konnte er sein Evangelium als Evangelium der Liebe schreiben. Das hat Fichte erkannt und seine Religionslehre darauf aufgebaut. Der erste Satz des Johannesevangeliums führte ihn zur Erkenntnis: Im Anfang ist die Liebe.[92]

In der Meditation des Johannesevangeliums wird erfahrbar: Aus Glauben wird Erkennen, und Erkennen bedeutet Lieben. Liebe bildet den Anfang der Evolution: Adam erkannte sein Weib. Liebe bildet das Ende der Evolution: das «Amen des Universums» (Novalis).[93] «Die Liebe ist die Quelle aller Gewissheit und aller Wahrheit und aller Realität.» (Fichte)[94] Und sie ist das letzte Wort des Johannes.

Sohn Davids, Menschensohn, Sohn Gottes

Christus ist in der Schau des Johannes zugleich Sohn Davids, Menschensohn und Sohn Gottes. Im Prolog ist vom Sohn Gottes die Rede, der bei Gott ist und Gott ist. Andreas sieht in ihm den Messias: «Wir haben den Messias gefunden, den Gesalbten.» (1, 41) Und Christus selbst bezeichnet sich im Gespräch mit Nathanael als Menschensohn (1, 51).[95]

Als Sohn Davids, über Joseph, ist Christus als der erwartete Messias König von Israel. Das wird von Johannes durchgehend in seinem Evangelium hervorgehoben. Der Name Maria wird nicht ein einziges Mal erwähnt, wohl aber Joseph als Vater Jesu. Nach jüdischer Anschauung konnte Jesus nur über seinen Vater ein Sohn Davids sein. Der Zimmermann Joseph entstammt der priesterlichen Linie des Hauses David und lebte in Nazareth.

Die jüdischen Schriftgelehrten, auch Nathanael («Kann Gutes kommen aus Nazareth?») bezweifeln die Messianität, weil Jesus aus Galiläa stammte (7, 41 f. 52). Dass er in Bethlehem, der Stadt Davids, geboren wurde, wusste im Jahre 32 wohl kaum noch jemand. Im Hebräerbrief wird mit Psalm 110 von Jesus als einem Priester «nach der Ordnung des Melchisedek» gesprochen.[96] Aber der Priester war zugleich der wahre König Israels. Als solcher wird er beim Einzug in Jerusalem vom Volk begrüßt; und er reitet, nach der Vorhersage, auf einem Eselsfüllen in die Stadt.[97] Auch vor Pilatus bestätigt er seine Königswürde:

> Ein König aber bist du?
> Du sagst es: Ich bin König.

Pilatus seinerseits bestätigt die Königswürde Christi, die von den Juden mit einer Dornenkrone verspottet wurde: Die Inschrift am Kreuz: «König der Juden», die er anbringen lässt, meint er in der Sicht des Johannes ernst; denn der Bitte der Oberpriester, sie zu ändern in «Er hat gesagt ...», erfüllt er ausdrücklich nicht – vielleicht weil er gut bekannt war mit Joseph von Arimathia.

Keiner der anderen Evangelisten betont die Messiaswürde und das Königtum Jesu so deutlich und von Anfang an. Auch Nathanael überwindet seine Skepsis bei der ersten Begegnung: «Du, Meister, du bist Gottes Sohn, König von Israel.» Dass aber der König als der Messias erklärt, sein Reich sei nicht von dieser Welt, haben die wenigsten verstanden, bis zur Kreuzigung vielleicht nur einer: der geliebte Jünger, der das vierte Evangelium geschrieben hat. Aber nur so kann der Christus mehr sein als der Retter Israels: Retter der Welt.

Nachdem Nathanael den wahren König Israels als einen Sohn Davids erkannt hat, offenbart dieser sich ihm gegenüber als der Menschensohn (1, 51).

Jesus ist der Messias. Es ist aber zu beachten, dass er selbst sich diesen Titel nicht beigelegt hat. Wohl aber hat er sich selbst als Menschensohn bezeichnet. Das aramäische «barnascha» heißt wörtlich «Sohn des Menschen», in der allgemeinen Bedeutung «Mensch». Der Menschensohn ist der Mensch, besser: der Repräsentant des Menschen.

Bei Daniel (7, 13) ist der Menschensohn Repräsentant des Volkes der Heiligen. Er nimmt nicht, wie bei den Evangelisten, «Knechtsgestalt» an. Es handelt sich in der Vision des Daniel auch nicht um einen messianischen Titel. Im Buch Henoch ist der Menschensohn vor allen anderen Geschöpfen erschaffen.[98] Er nimmt am Werden der Schöpfung nicht teil und kommt am Ende, wie in der Offenbarung des Johannes, um zu richten. Durch das Evangelium entsteht das Bewusstsein für die Mitte. Die Inkarnation des Menschensohnes bildet die Mitte der Menschheitsevolution. Das Königtum Christi, sein «Reich», bleibt aber im Himmel. Auch in der Christologie des Johannes ist der Menschensohn der himmlische Mensch, der an der Menschheitsgeschichte auf Erden nicht, wie die Söhne Adams, teilgenommen hat.[99] Der Menschensohn kommt unbelastet vom Sündenfall, ohne irdisches Schicksal, in Bethlehem zur Welt. Er ist die reine Menschenseele als Gottes Ebenbild: aus dem Himmel herniedergestiegen (3, 13). Wenn er in den irdischen Strom der Erbsünde eintaucht und «Knechtsgestalt» annimmt, ist dies ein Opfer. Auf Golgatha wird er «erhöht» (3, 14): Am Kreuz offenbart er sich im Sein des Geistes (12, 23).

Die Menschheit ist gefallen; aber der Menschensohn ist nicht gefallen; er hat Gottes Ebenbild rein bewahrt und kann deshalb zum Retter der gefallenen Menschheit werden. Adam ist der erste Mensch nur unter dem Gesichtspunkt der Sünde. Der wahre erste Mensch ist der Menschensohn. Paulus nennt ihn den «zweiten Adam», der den ersten Adam erlöst. Aus eigener Kraft kann er es aber nicht. Entscheidend ist die Wesensdurchdringung mit dem Logos, dem ewigen Wort Gottes, während der drei Jahre.

Der Menschensohn ist das Ebenbild Gottes: bei Gott, aber nicht Gott, im Unterschied zum Logos, der als Sohn Gottes nicht nur bei Gott ist, sondern Gott ist. Insofern hat Christus einen dreifachen Ursprung. Er ist in der Sicht des Johannes wirklich «Sohn des

Joseph» und damit Sohn des David. Damit ist die leibliche Daseinsebene bezeichnet. Der Ausdruck «Menschensohn» meint die reine Seele, die sich unmittelbar aus Gott zur Zeitenwende inkarniert, «ins Fleisch kommt». Der Sohn Gottes verbindet sich mit dem Menschensohn bei der Johannestaufe, als Jesus, der Sohn des David, etwa dreißig Jahre alt war: «Das Wort ward Fleisch.» Als Sohn wird er am Ende Gericht halten, «weil er der Sohn des Menschen ist» (5, 27). Als Gottes Wort bildet er bis zur Kreuzigung das Ich des Menschensohnes oder den Geist in der Seele des Christus. Darum kann der Christus die sieben Ich-bin-Worte sprechen und künden: «Ich und der Vater sind eins» (10, 30). Der Sohn-Gott ist eins mit dem Menschen, und er ist eins mit Gott.

Im alten Ägypten war der König ein Sohn Gottes. Auch Alexander der Große, Kaiser Augustus und der König Israels waren Söhne Gottes. Für einen Sohn des Zeus hielt man Apollonius von Tyana. Die Bezeichnung «Sohn Gottes» war demnach im ersten Jahrhundert etwas Besonderes, aber nichts Einmaliges. Sie wird aber einmalig bei der Taufe Christi durch Johannes. Zwar knüpft auch Lukas an die Tradition an, wenn er Psalm 2, 7 zitiert: «Mein Sohn bist du, heute habe ich dich gezeugt»[100]; aber dieses «heute» bezeichnet die Fleischwerdung des Wortes, das nach Johannes bei Gott war und Gott war. Christus ist seit der Taufe im Jordan nicht nur metaphorisch, sondern wirklich der Sohn Gottes. Es gibt viele Söhne Gottes; aber Gott hat nur einen Sohn, der er selbst ist.

Wie die alten Propheten, so ist auch Christus als der Sohn Gottes vom Vater gesandt. Vierzig Mal wird die

Gesandtschaft Christi als des Sohnes im Johannesevangelium hervorgehoben. Als der Gesandte spricht er, was der Vater spricht. Für einen Propheten, von Gott gesandt, halten ihn die Samariterin (4, 19) und der Blindgeborene (9, 17). Sie haben nicht unrecht, aber sie haben nur *einen* Wesenszug seines Wirkens erkannt. Der Sohn Gottes im Sinne des Johannesevangeliums ist nicht *ein* Prophet und nicht *der* Prophet, sondern der Einzige: der Sohn als das Wort Gottes. Ein Prophet ist Johannes der Täufer, aber auch Johannes der Evangelist, der vom Sohn Gottes als «ins Fleisch gekommen» kündet.

Christus ist leiblich der Sohn Davids, seelisch Menschensohn und geistig Sohn Gottes. Und diese drei sind eins. Denn der Christus spricht: «Wer mich gesehen hat, / der hat gesehen / den Vater.» (14, 9) Die Einheit von Gottessohn und Menschensohn umfasst demnach auch die physisch-leibliche Erscheinung als Sohn Davids. Nur als Sohn Davids kann der Menschensohn am Kreuz sterben und auferstehen. Das betont Johannes immer wieder – gegen spiritualistische Deutungen, vor allem auch in seinen Briefen, mit dem Ausdruck «ins Fleisch gekommen». Die Auferstehung des Fleisches kann es nur geben, weil das Wort Fleisch wurde. Im Fleisch ist Gottes Sohn das wahre Leben.[101]

Der Sohn-Gott lebt nur durch den Vater des Lebens (6, 57), und nur wer ihn in sein ganzes Wesen aufgenommen hat, wird ebenfalls leben und wirklich Christ sein. Wer aber «den Sohn bekennt, hat auch den Vater».[102]

Als Sohn Gottes ist Christus eins mit dem Vater. Das kann von keinem Propheten gesagt werden. Die Einheit von Sohn und Vater ist geistig gegründet. Der Geist verbindet Vater und Sohn. Der Sohn muss erst zum Vater gehen, damit der Geist auch zu den Menschen kommen kann (16, 7).

Der Sohn Gottes führt in jedem Augenblick den Willen des Vaters aus. Sie sind eins, nicht nur im Denken, sondern auch im Willen. Das Wollen eint sie; und dieser Wille ist die göttliche Liebe, der Geist.

Der Sohn ist gesandt und geht zum Vater zurück. Für die Menschen entscheidend ist nun die Sendung des Geistes. Mit Hilfe des Geistes kann der Sohn Gottes erkannt werden – und mit dem Sohn der Vater.

Zwei Gespräche

Nikodemus, der Lehrer Israels

Das Zeichen setzende Wirken Christi seit der Taufe im Jordan blieb den Mitgliedern des Hohen Rates in Jerusalem nicht verborgen. Als einer der ersten aus dem Hohen Rat (Synedrium) wurde Nikodemus sein Schüler. Die Tempelreinigung führte offensichtlich zu seinem Erwachen.

Nikodemus wird von Johannes hervorgehoben als Pharisäer, Oberer (Archon) und «Lehrer Israels». Er gehört also zur obersten Führungsschicht und ist offenbar hochgebildet. Jesus von Nazareth hat demgegenüber keine höhere Schule besucht. Er zieht mit Fischern umher, verkörpert aber die höchste Weisheit. Diesen Gegensatz betont Johannes.[103]

Wissen allein führt noch nicht ins Himmelreich. Es muss sich zuvor in Weisheit wandeln.

Die Initiative ergreift Nikodemus. Er kommt zu Jesus «bei der Nacht»; aber gewiss nicht aus Angst; das beweist sein späteres Verhalten. Die Nacht bezeichnet vielmehr die Nacht seiner Seele. Nikodemus ist gewissermaßen umnachtet von all seinem Wissen. Er ist aber auf dem Wege, ein Sucher, und darum bemerkt er sein Nichtwissen im Wissen. In dieser Hinsicht ist er anderen Wissenden gegenüber voraus. Er bemerkt auch – wohl durch das Zeichen der Tempelreinigung – den Gott in der Seele Jesu, die Weisheit, die ihm mangelt. In der Schilderung des Johannes wird sein Nichtwissen überdeutlich, insofern dieser Gelehrte im Gespräch mit Jesus nur zwei Fragen stellen kann, von denen die erste, eine Doppelfrage, ein Missverständnis offenbar macht.

Der Christus spricht von geistiger Wiedergeburt; und Nikodemus bezieht das Von-Neuem-geboren-Werden auf leibliche Wiedergeburt. Die rein irdisch orientierte Logik des Pharisäers führt die Wiedergeburt in einem Erdenleben ad absurdum. Der alte Mensch steht vor dem Tod: Wie soll aus dem Tod eine Neugeburt erfolgen? Denkt er absichtlich in die Gegenrichtung mit der Vorstellung von der Rückkehr «in seiner Mutter Leib»? Die Mutter eines Greises ist doch aller Wahrscheinlichkeit nach schon gestorben. Die Doppelfrage zielt demnach auf den Gedanken der Wiedergeburt in einem neuen Erdenleben im Sinne der alten Seelenwanderungslehre. Das meint aber der Christus nicht. Er spricht vielmehr von der Initiation, die zur Wiedergeburt aus dem Geiste führt: gegenwärtig, also in jedem Lebensalter, hier und jetzt. Dabei wird die Seele zur Mutter und der Geist zum Selbst, zum höheren Ich.

Christus präzisiert: Es geht um die Wiedergeburt «aus Wasser und Geist». Das Wasser deutet auf die ätherische Seinsebene. Der Geist aber soll in der Seele das unsterbliche Ich bilden: «ἄνωθεν – von oben». Woher aber der Geist kommt und wohin er geht, bleibt der Seele zunächst unbekannt.

Das Wasser ist gelegentlich auf die Taufe bezogen worden. Aber davon spricht Johannes gerade nicht. Er zeigt an Nikodemus den Weg zur Geisttaufe (1, 33). Die Geistgeburt selbst führt zum Erleben des höheren Ich-bin. Aber Nikodemus ist noch nicht so weit. Darum kann er nur noch seine zweite Frage stellen: «Wie sollte dies geschehen?»

Dass Nikodemus keine Antwort erhält, zeigt, dass Christus ihn so weit geführt hat, dass er sich die Frage selbst beantworten kann, wenn auch nicht gleich. Entscheidend ist: Nikodemus befindet sich auf dem Wege.

Dem Wissen aus der Überlieferung, wie es der Lehrer Israels vertritt, stellt Johannes die Weisheit gegenüber, die in Christus inkarniert und damit unmittelbar wahrnehmbar ist:

> Wir sagen, was wir wissen, und bezeugen,
> was wir gesehen haben.

Das «Wir» ist zunächst Christus. Das Logion liest sich aber auch wie ein Wort des Evangelisten. Auch Johannes spricht aus innerer Erfahrung, aus unmittelbarer Schau. Christus bezeugt den Vater, der den Sohn gesandt hat; und Johannes bezeugt den Christus. Beide sind eins im Wir.

Im Sinne Christi sind die Worte von der geistigen Wiedergeburt noch «Erden-Dinge». Die Rede von himmlischen Dingen kann erst danach erfolgen. Die Seele stammt aus der Geistwelt: Den Weg zu ihrer Wiedergeburt zeigt das Johannesevangelium.[104]

Nachdem Johannes seinen Mitbruder Nikodemus in der Nacht seiner Seele vorgestellt hat, zeigt er ihn im Synedrium als Christi Fürsprecher, indem er auf das Gesetz verweist (7, 50 f.). Nach dem Gesetz muss Christus erst angehört werden, bevor über ihn das Urteil gefällt wird.[105] Nikodemus nimmt es auf sich, künftig als «Galiläer» angesehen zu werden.

Demgegenüber heißt es von Joseph von Arimathia: «Er fürchtete die Juden.» Nach der Kreuzigung nehmen dann beide gemeinsam den Leichnam vom Kreuz, und sie bestatten ihn.

So zeigt Johannes an der Gestalt des Nikodemus den Weg zum Licht: Dieser Weg führt in die Nacht des Grabes Christi. Die Erfahrung der eigenen Nacht und der geistigen Wiedergeburt führt ihn ganz nah an das Menschheitsmysterium der ewigen Nacht, in der auf Golgatha das ewige Licht aufgeht. Bei der Grablegung erfährt er die Gewissheit der Auferstehung.

Das Gespräch mit der Samariterin am Jakobsbrunnen

Auf dem Wege von Juda nach Galiläa kommt Jesus durch Samarien. Er wählt diesen Weg, obwohl das Land von den Juden gemieden wurde und auch Christus bei Matthäus seine Jünger vermahnt: «Zieht in keine Stadt der Samariter.»[106] Er selbst aber «musste» oder «wollte» am Jakobsbrunnen einer Samariterin begegnen. Ihr Name wird nicht genannt. In diesem Fall liegt die Initiative beim Christus. Er spricht sie an.

Das Gespräch mit Nikodemus erfolgte «bei der Nacht». Jetzt ist es Mittag. Johannes legt Wert auf die Zeitbestimmung und den Ort. Der Jakobsbrunnen ist Symbol der Tradition. Nach Origenes verkörpert er das Gesetz.

Jesus bittet die Samariterin um einen Trunk Wasser. Er ist allein mit ihr, denn die Jünger waren in die Stadt gegangen, «Nahrung zu kaufen». Die Frau ist überrascht, denn «Juden verkehren nicht mit Samaritern». Sie sieht in ihm den Juden und nicht den Menschen, der Durst hat.

Rudolf Bultmann hat an eine buddhistische Parallele erinnert. Ananda bittet an einem Brunnen ein Mädchen aus der Candala-Kaste um Wasser. Auf ihre Warnung hin, sich mit ihr zu verunreinigen, antwortet der Lieblingsjünger Buddhas: «Meine Schwester, ich frage dich nicht nach deiner Kaste noch nach deiner Familie; ich bitte dich nur um Wasser, wenn du es mir geben kannst.» In diesem Sinne wird auch Jesus zuerst von der Samariterin belehrt und auf die geltende Sitte hingewiesen. Und Christus wiederholt nicht seine Bitte um Wasser. Er kehrt das Verhältnis um:

> Wenn du die Gabe Gottes kennen würdest
> und wer der ist, der zu dir spricht:
> gib mir zu trinken,
> du hättest ihn gebeten,
> und er,
> er hätte dir gegeben lebend Wasser.

Sie müsste ihn um Wasser bitten; denn er hat die Wesensmacht, ihr «lebendes Wasser» als «Gabe Gottes» zu reichen. Die «Gabe Gottes» ist nach Augustinus eine Gabe des Heiligen Geistes. Das kann die Frau nicht verstehen. Sie bezieht das «lebende Wasser» auf das reine Quellwasser des Jakobsbrunnens. Aber die Ahnung steigt in ihr auf, dass in ihrem Gesprächspartner etwas lebt, das größer ist als der Vater Jakob, wodurch die Überlieferung aufgehoben wird.

Das Wasser vom Jakobsbrunnen löscht den Durst nur vorübergehend.

Das Wort Christi führt als Quell den Trinkenden zu ewigem Leben:

> Wer aber von dem Wasser trinkt,
> das ich ihm gebe,
> den wird in Ewigkeit nicht dürsten;
> denn jenes Wasser,
> das ich ihm geben werde,
> wird ihm zum Quell,
> der sich ins ewige Leben
> ergießt.

Auf die Entstehung dieser lebendigen Quelle im Innern des Menschen kommt alles an.[107] Es ist die Voraussetzung zur Geisttaufe. Die Frau bleibt noch bei ihrem Missverständnis: als ob es sich um sinnlich wahrnehmbares Wasser handelte.[108] Sie meint, sie könne sich das Schöpfen ersparen. Darum geht es aber nicht. Sie wird zunächst weiter schöpfen müssen, auch wenn sich ihr der Lebensquell Christi erschließt.

Und Christus? Hat er nun vom Jakobsbrunnen getrunken? Johannes erwähnt es nicht. Er beschränkt sich auf das Wesentliche: Christus ist selbst der Lebensquell. Aber «das Wort ward Fleisch». Er ist nicht nur Gott im Sinne des Doketismus,[109] sondern auch wahrer Mensch, der mit seinen Jüngern gegessen und getrunken hat. Noch am Kreuz sagt er: «Mich dürstet.»

Zur Samariterin spricht nun der Christus: «Geh hin! Ruf deinen Mann und komme wieder!» Allegorisch interpretiert ist unter ihrem «Mann» das «Ich» als Seelenführer zu verstehen. Meister Eckhart hat ihren «Mann» dementsprechend als ihren «freien Willen» gedeutet, den die Frau noch nicht hat.

> Die Frau antwortete und sagte ihm:
> Ich habe keinen Mann.

> Und Jesus sprach zu ihr:
> Das hast du schön gesagt:
> Ich habe keinen Mann.
> Fünf Männer hattest du;
> und der, den du jetzt hast, ist nicht dein Mann.
> Wahr hast du gesprochen.

Das Wort von den fünf Männern ist zunächst auf der Sinnesebene zu verstehen. Die fünf Männer hatte die Samariterin nacheinander. Dies ist ein außergewöhnliches Schicksal. Aber nichts deutet im Text darauf hin, dass die Samariterin etwa – wie zahlreiche Interpreten meinen – eine große Sünderin und «Ehebrecherin» gewesen wäre.[110]

Nach Origenes – und ihm folgend Augustinus, Meister Eckhart u. a. – sind die fünf Männer allegorisch als die fünf Sinne zu verstehen. Die Frau hat Sinneserkenntnis. Den sechsten Mann – Geisterkenntnis – hat sie (noch) nicht. Des weiteren bezieht Origenes die fünf Männer auf die fünf Bücher Mose, die das Gesetz repräsentieren. Der sechste wäre dann das «prophetische Wort», das sie noch nicht vollgültig hat.[111]

Ganz im Sinne des Origenes interpretiert Rudolf Steiner die «fünf Männer» als fünf Wesensglieder des Menschen, die sich in fünf Kulturepochen entfalten.[112] – Auch hat man immer schon die fünf Männer als Symbol für die fünf Ursprungsstämme der Samariter gedeutet.[113]

Jedenfalls geht aus der Antwort der Samariterin nicht hervor, dass sie glaubt, als «Sünderin» erkannt worden zu sein. Sie *erschaut*[114] in ihrem Gegenüber einen Propheten und gibt von sich aus dem Gespräch eine Wendung auf Gott und die unterschiedliche Weise, in der Juden und Samariter zu ihm in Beziehung treten.

Damit gibt die Samariterin zu verstehen, dass sie im Begriffe ist, ihre Erkenntnisart umzuwenden. Sie steigt auf von der Sinneserkenntnis zur Geisterkenntnis. Zunächst erreicht sie selbst die seelische Ebene – im Blick auf das Gebet im Tempel, auf dem Berge. Darum erhält sie vom Christus nun eine weitere Belehrung, durch die sie auf den Weg der unmittelbaren Geisterkenntnis geführt wird. Weder der Tempelberg in Jerusalem noch der Garizim sind dafür der geeignete Ort. Dieser Ort ist einzig das eigene Herz als das Heiligtum der Individualisierung des Geistes:

> Doch kommt die Stunde, und sie ist schon da,
> in der die wahren Beter
> zum Vater sich erheben werden
> im Geist und in der Wahrheit.

Was schon bei der Tempelreinigung anklang: Der Tempel wird aufgehoben. Die Wahrheit ist in Christus verkörpert. Durch den Geist und den Sohn gelangt die Seele zum Vater. Christus wird zum Tempel, in dem sich die Seele «im Geist und in der Wahrheit» zu Gott erheben kann.

Nachdem der Christus die Formel «im Geist und in der Wahrheit» wiederholt, ahnt die Frau das Kommen des Messias. Und daraufhin kann er sich offenbaren als der, der er ist:

> Und Jesus sprach zu ihr:
> *Ich bin,*
> der mit dir spricht.

Christus offenbart sein Wesen als menschheitliches Ich-bin erstmals im Gespräch mit der Samariterin. Er ist als Menschensohn der erwartete Messias und zugleich Gott, der sich Moses im brennenden Dornbusch als «Ich bin» geoffenbart hat.

Wenn die Samariterin ihren Wasserkrug nun stehen lässt, ist dies als Hinweis darauf zu verstehen, dass sie den Weg zum wahren Lebensquell eingeschlagen hat. Mehr noch: sie geht, um die Bewohner der Stadt zu holen, damit auch sie den Messias erkennen mögen. Würden sie wohl dem Wort einer großen Sünderin folgen? Die Samariterin ist vielmehr die Repräsentantin ihres Volkes, vergleichbar Nathanael («ein echter Israelit»). Nur so sind ihre selbstbewussten Antworten zu verstehen; und darum bedarf sie im gegebenen Fall auch keines Eigennamens. Von den Samaritern wurde der Christus erkannt, von den Juden aber ans Kreuz geschlagen – zu seiner Erhöhung.

Die ersten sechs Zeichentaten Christi

Nur Johannes spricht von den Zeichentaten Christi.[115] Die Zeichen (semeia) des Sohnes sind Werke (erga) des Vaters. Aber nicht jedes Werk hat Zeichencharakter. Eine Zeichentat im Sinne des Johannesevangeliums bezeugt, durch Geistes-Offenbarung, dass Gott, der Vater, seinen Sohn gesandt hat: zur Rettung der Menschheit.

Zeichen sind keine Wunder. Christus wendet sich immer wieder gegen den Wunderglauben der Juden. Der Glaube, den Johannes meint, ist Wirksamkeit des Geistes.

Gott hat durch sein Wort, den Christus, die Naturordnung nicht geschaffen, um sie außer Kraft zu setzen – nur weil es auf einem Hochzeitsfest an Wein mangelte oder um die Jünger zu beeindrucken durch Wandeln über das Wasser des Sees von Tiberias. Es geht um die Epiphanie.[116]

Wenn Christus wirklich nur – im materiellen Sinne – Wasser zu Wein gemacht hätte, wäre dies ein Wunder, aber kein Zeichen im Sinne der Selbstoffenbarung Gottes im Christus Jesus.

Die Kraft des Sohnes macht ein Werk des Vaters zum Zeichen. Die Jünger wirken keine Zeichen. Zeichen enthalten eine Weisung.

Die Hochzeit zu Kana

«Am dritten Tag» – dem ersten einer Festwoche – wird eine Hochzeit gefeiert. In dieser Zeitangabe liegt ein Hinweis auf den Ostermorgen; denn die gleich folgende Wendung «Noch ist meine Stunde nicht gekommen» bezieht sich nach johanneischem Sprachgebrauch auf die Erhöhung des Menschensohnes im Durchgang durch den Tod auf Golgatha. Unter diesem Gesichtspunkt geht es bei der Hochzeit zu Kana – und im Prinzip bei allen Zeichentaten Christi – um die Verwandlung des irdischen, dem Tod verbundenen Menschen in den himmlischen, dem wahren Leben verbundenen Menschen.

Die erste Zeichentat entspricht dem letzten der Ich-bin-Worte und kann auch von daher verstanden werden: «Ich bin der wahre Weinstock.»

Christus ist der Weinstock. Die Jünger – und mit ihnen alle Glaubenden – sind die Reben. Sie müssen den Wein nicht zu sich nehmen: Sie haben ihn in sich durch die lebendige Verbindung mit Christus. Denn er ist der Weinstock und Gott, der Vater, ist der Winzer. Der Reifeprozess setzt aber Wasser und Sonnenlicht voraus. Darin wirkt der Geist Gottes.

Durch Christus wird Wasser zu lebendigem Wasser. Die Samariterin bittet er um Wasser. Und er bietet ihr lebendiges Wasser: Wasser des Lebens, das in die Ewigkeit reicht, weil er selbst das Leben ist, das den Tod überwindet. Eine Kostprobe lebendigen Wassers erhalten schon die Gäste auf dem Hochzeitsfest zu Kana, das bald nach der Taufe im Jordan stattfand.

Christus macht das Quellwasser zum Lebenswasser, weil er das Leben *ist*. Die Beziehung Mutter – Sohn wird hier geknüpft durch Weisheit. Mutter und Sohn sind nicht durch Blutsbande verbunden, sondern durch Weisheit und Leben.

Die Mutter ist offen für den Weisheitsquell des Sohnes; darum sagt sie zu den Dienern: Tut was er euch sagt. Das Wirken des Sohnes wird durch die Mutter vermittelt.[117]

Es ist ein Hochzeitsfest: Ein Mensch öffnet sich einem anderen Menschen, der sich ebenfalls öffnet. Gemeinschaft entsteht. Zwischen der Mutter und Jesus Christus entsteht eine höhere Gemeinschaft: Geistgemeinschaft, in die durch die Verwandlung des Wassers die ganze Hochzeitsgesellschaft einbezogen wird.

Das «Weinwunder» besteht darin, dass zum ersten Mal in der Menschheitsgeschichte deutlich wird: der Alkohol hat seine Mission erfüllt. Reines Quellwasser tritt an die Stelle des Weines.

Wer Wein trinkt, kettet sich an seine materielle Physis. Reines Quellwasser, frisch geschöpft, ist der bessere Wein, der den vergorenen Traubensaft ablöst. *Das Wasser kann wie Wein wirken, weil Christus mit ihm verbunden ist.* Christus ist der wahre Dionysos.

Dionysos wirkt im Wein und fördert das vergängliche, erdgebundene Ich.

Christus wirkt im Wasser und fördert das unvergängliche, höhere Ich.

Der Mensch kann fortan auf den Wein verzichten, weil er selbst die Rebe ist, durch die das Lebenswasser des wahren Weinstocks fließt.

Der Alkohol im Wein wirkt auf das Blut als Träger des Ich.[118] Das Ich wird zur Persönlichkeit und vergisst seinen geistigen Ursprung. Durch die Wirkung des Alkohols bekommt der Mensch eine Art Ersatz-Ich: die Griechen nannten es Dionysos. Die Juden blicken dementsprechend auf Noah.

Der Alkohol ruft die Illusion einer Ichstärkung hervor. In Wahrheit bewirkt er eine Schwächung. Die Ich-bin-Worte Christi sagen es: Christus ist das wahre Ich, das an die Stelle der bisherigen Dionysos-Wirkung treten möchte.

In den Sprichwörtern, die dem weisen Salomo zugeschrieben wurden, heißt es vom Wein: «Er trinkt sich so leicht, aber zuletzt beißt er wie eine Schlange und verspritzt Gift wie eine Viper ... Wann wache ich auf? Von Neuem will ich zum Wein greifen!»[119] Alkohol verdunkelt das Bewusstsein und macht süchtig.

Bei der Ankunft des Messias erwartete man eine überfließende Weinfülle.[120] Bei der Hochzeit zu Kana herrscht Mangel an Wein. Wenn der Christus Wasser in Wein verwandelt, ist dieser Wein nicht Zeichen des Dionysos, sondern lebendiges Wasser als Zeichen des höheren Ich-bin. Der neue Wein des Christus wirkt nicht betäubend, sondern belebend, weil der Christus das Leben ist, das nicht vergeht.

Dionysos bringt die Selbstliebe. Christus bringt die Liebe zu Gott als Gabe des Geistes.

Origenes bezieht in seiner allegorischen Auslegung das Mysterium der Verwandlung von Wasser in Wein auf die Heilige Schrift: Vor der Inkarnation des Herrn war die Schrift nur Wasser. Durch Christus wurde sie zu Wein.[121] Der Wein der Heiligen Schrift vermag das niedere Ich des Menschen, das am vergänglichen Leib haftet, ins höhere Ich zu verwandeln, das im Wort Christi das ewige Leben findet. In diesem Sinne lautet die Weisung des ersten Zeichens: In der Meditation des Johannesevangeliums kann jeder Mensch Wasser in Wein verwandeln.

Die Weisung des Zeichens geht auf die Substanz: Wasser wird in Wein verwandelt: Es erhält die Wirksamkeit des Weines.

Die Fernheilung des fieberkranken Knaben

Das zweite Zeichen wird von Johannes in engem Zusammenhang mit dem ersten gesehen. Der Ort ist beide Mal Kana in Galiläa; aber nicht zufällig, denn es heißt ausdrücklich: «wo er das Wasser zu Wein gemacht.»

Ein «Mann des Königs», wohl ein Hofbeamter des Tetrarchen Herodes Antipas, kommt von Kafarnaum am See Genezareth nach Kana, rund 26 km, um Jesus persönlich zu bitten,[122] nach Kafarnaum zu kommen, um seinen todkranken Sohn zu heilen.[123] Seine Krankheit ist mit hohem Fieber verbunden.

Jesus wendet sich zunächst gegen den gewöhnlichen Wunderglauben. Der Mann des Königs ist aber offensichtlich bereits von tieferem Glauben erfüllt, denn er ignoriert die Kritik und entgegnet: «Herr, komm herab, bevor mein Kind / stirbt.» In der Prägnanz dieser Antwort-Bitte liegt die Kraft des Glaubens als Voraussetzung zur Heilung; so dass Christus ohne Umschweife sagen kann: «So gehe hin! Dein Sohn / lebt.» Der Dialog könnte nicht kürzer sein. Die sprachliche Verdichtung ist Zeichen des Logoswirkens. Einwände wie «Herr, ich bin kein Wunderglaubiger», hätten die Heilung nur verzögert oder unmöglich gemacht. Wenn der Evangelist feststellt, «der Mann glaubte dem Wort, das Jesus / zu ihm gesagt», dann ist dieser Glaube durch seine Erkundung des genauen Zeitpunktes der Heilung kein erneuter Zweifel, sondern als Bestätigung zu verstehen. Er glaubte an die Wirkensmacht des Wortes – auch über die Entfernung: darin liegt eine Steigerung seiner Glaubenskraft.

Der Kranke selbst zeigt in dieser Zeichentat keine Mitwirkung. Er und alle Hausbewohner glauben auf Grund der Zeichentat.

Das zweite Zeichen offenbart das Geheimnis des Lebens, das mit dem Bewusstsein des Erdenraumes nicht zu fassen ist.

Die Heilung des Gelähmten am Teich Bethesda

Wäre Christus ein Wundertäter, dann könnte er den Kranken am Teich Bethesda gesund machen. Das macht er aber nicht. Er fragt zuerst: «Willst du gesund werden?» Das andere Ich muss wollen, dann erst wirkt der Christus.

Achtunddreißig Jahre lang liegt der Kranke schon danieder. Damit wird er zum Repräsentanten seines Volkes, das einst achtunddreißig Jahre lang durch die Wüste wandern musste. Augustinus sieht in den fünf Hallen die fünf Bücher Moses.[124]

Die äußere Lähmung ist Ausdruck einer inneren Lähmung. Der Kranke öffnet seine Seele. Die Heilkraft Christi hilft ihm, seine Lähmung zu überwinden. Es ist die Heilkraft des Wortes: «Steh auf, / und nimm dein Bett / und wandle.» Das Wasser des Teichs braucht er nicht mehr: «Sogleich wurde der Mensch gesund.» Christus ist der Quell, aus dem sich das Wasser des

Lebens ergießt für alle, die es wahrhaft suchen. Am Lebensquell Christi gibt es keinen Konkurrenzkampf.

Die Lähmung wird von Christus als Folge sündhaften Verhaltens gedeutet: «So sündige nicht mehr, / dass dir nicht Schlimmeres geschieht.»

Deutlich wird: Beim dritten Zeichen wirkt Christus unmittelbar – ohne Mitwirkung eines anderen – auf die Seele eines Menschen, die sich ihm geöffnet hat. Er will gesund werden, darum kann ihm die Gnade zuteil werden. Ein Wunder ist dies nicht – wohl aber ein Zeichen. Die Weisung des Zeichens geht auf seelische Läuterung: Katharsis.

Geistheilung war in alten Zeiten – und noch zur Zeitenwende – nichts Besonderes. Dass der Gelähmte wieder gehen kann, hat die Pharisäer nicht sonderlich bewegt. Erzürnt waren sie wegen der Verletzung des mosaischen Gesetzes.

Der Knabe des königlichen Beamten ist fieberkrank: Er verbrennt innerlich und versprüht seine Lebenskräfte. Er bedarf der Festigung.

Der Kranke am Teich Bethesda ist gelähmt: Seine Lebenskräfte sind verhärtet. Er bedarf der Lockerung.

Beiden hilft Christus. Sein Wort wirkt ausgleichend. Es kommt aus dem Herzen und stärkt die Kräfte der inneren Mitte. Das hat schon Aristoteles erkannt: In der Krankheit wird der Mensch aus seiner inneren Mitte gerückt. Gesunden heißt Mitte bilden – aus der Kraft des Logos.

Die Speisung der Fünftausend

Zur Osterzeit im Jahre 32 zieht Jesus mit seinen Jüngern nicht nach Jerusalem, sondern ans Ostufer des Sees von Tiberias, und «groß war die Menge, die ihm folgte». Er steigt einen Hang hinauf und lässt sich nieder, wohl auf halber Höhe des Berges, wo es «viel Gras» gab, für das Gefolge: «wohl fünftausend Mann.»

Zunächst wird das Denken des Philippus erprobt. Es erreicht nur die Sinnesebene: 200 Denare sind vorhanden – zu wenig, um Brot für so viele Menschen zu kaufen.

Andreas denkt bereits auf einer höheren Ebene: Er imaginiert ein Kind mit fünf Gerstenbroten und zwei Fischen. Das Gerstenbrot ist Symbol für die Ernährung des Menschen auf Erden.[125] Es sind fünf Brote, weil der Mensch im Pentagramm steht. Die beiden Fische stehen in Beziehung zum Tierkreiszeichen.

Sieben ist die Zahl der Entwicklung. Was sich ereignen soll, kann nur mit einem höheren Wahrnehmungsorgan erkannt werden. Das Sternbild der Fische leitet über zum neuen Jahr nach fünf dunklen Monaten, in denen die Gerste Lebenskraft sammelt, die sich dann in die Sichtbarkeit entfaltet.

Brot und Fisch werden als geistige Nahrung ausgeteilt, die zur Christussuche führt. Insofern ist die Rede «am andern Ufer», zu Kafarnaum, als zweiter Teil der vierten Zeichentat zu betrachten.[126]

Am «andern Ufer» erfahren die Christussucher die spirituelle Deutung des Zeichens. Christus spricht in der anschließenden Rede: «Ich bin das Brot des Lebens», verbunden mit der Steigerung, dass das Brot sein Fleisch ist. «Wer mein Fleisch isst und mein Blut trinkt, / hat ewig Leben.» Damit deutet er auf seinen Tod, durch den er zum Geist der Erde wird. Christus wird ganz real zu Wasser und Brot als den Symbolen für das Leben auf Erden, allerdings in einem höheren, ja höchsten Sinn: verbunden mit der Auferstehungskraft wird dieses Leben zum ewigen Leben. Darum sagt Origenes: «Das Auferstehungsleben hat begonnen.» Und darum bekommen die Jünger vom Auferstandenen zum Morgenmahl am See Tiberias Brot und Fisch. Das Brot und der Fisch: beides sind Symbole Christi. Christus ist das wahre Brot; und Christus ist der wahre Fisch.

Es heißt ausdrücklich, dass die Menschen vom Brot «erfüllt» wurden: vom Brot, das der Christus ist, von der Kraft des Lebens: «Ich bin das Brot des Lebens.» Sie haben also nicht physisch-materiell Gerstenbrot gegessen, um satt zu werden. Sie sind vom Brot des Lebens erfüllt.

Was heißt aber 5.000 Mann? 5 ist die halbe 10. Da 10 die Zahl des Menschen ist – er wird sich zur 10. Hierarchie entwickeln – zeigt die 5 auf die Mitte der Evolution. Der Mensch ist 5 und wird 10. 1.000 gilt schon immer als Zahl der Vollkommenheit. «Septimal» gedacht ist 1.000: 7 x 7 x 7 (= 343), weil 10 als höhere 1 der 7 entspricht.[127]

Es sind ausdrücklich 5.000 «Mann». Der Mensch ist aber Mann und Frau, insofern 5 + 5, eben 10. Der Mensch steht in der 5 auch als Mann und Frau und hat durch das Zeichen Christi das Menschheitsziel vor Augen: 1.000. Tatsächlich suchen die Menschen am nächsten Morgen den Christus und finden ihn auch am «andern Ufer», das heißt: sie begeben sich auf den Weg der Vollendung – vom Vergänglichen zum Unvergänglichen, vom Brot zum Lebensbrot.

Wie die Sonne durch den Tierkreis wandert, so erfüllt die geistige Sonnenkraft Christi die zwölf Glieder des menschlichen Leibes, vom Haupt (Widder) bis zu den Füßen (Fische). Der Logos wirkt schöpferisch im Sinne der Brotvermehrung. Er weckt aber auch in denen, die das Brot als Brot des Lebens zu sich nehmen, die schöpferischen Kräfte, so dass sich ihr Ich-Wesen selbst entfalten kann. Die Wirkung des Logos geht auf das Ich. Tatsächlich werden mehr Brocken eingesammelt als ausgeteilt wurden, und die Menschen begeben sich von sich aus auf die Christus-Suche. Ihren Anfang nehmen sie von Christi Dankgebet.[128]

Auf die Frage: «Wann, Meister, / bist du hierher gekommen?» gibt er ja bezeichnenderweise keine Antwort. Auf der Ebene der Tatsachen wird Christus den Landweg benutzt haben.[129] Doch verdecken solche Überlegungen das Wesentliche. Die Rede vom Lebensbrot kann nur auf der geistigen Ebene erfasst werden. Die Suchenden müssen sich ans «jenseitige Ufer» begeben. Da erfahren sie, dass Christus selbst das Lebensbrot ist. Er hat sich selbst zur Speise hingegeben. Wer die Speise des Wortes zu sich nimmt, den wird eben dieses Wort zur Auferstehung führen «am letzten Tag».

Die Weisung lautet: In Verbindung mit Christus erfasst das Ich sein eigenes Wesen und wird produktiv.

Die Erscheinung auf dem See

Unmittelbar anschließend an das Zeichen der Brotvermehrung, noch am selben Abend, geben die Jünger dem Herrn Gelegenheit für eine weitere Zeichentat. Sie steigen ab zum See. Christus steigt noch weiter auf, um sich zu verbergen; denn das Volk wollte ihn zu seinem König ausrufen. Um ihnen zu entgehen, hätte er auch im Boot mitfahren können, denn für das Volk gab es kein weiteres Boot. Daraus erhellt: Die Gegenbewegung des Absteigens und Aufsteigens will der Evangelist hervorheben.

Die Jünger besteigen ein Boot und fahren Richtung Kafarnaum. Es ist schon dunkel. Sturm kommt auf und die Jünger geraten in Seenot. Das Boot wird abgetrieben. Johannes gibt die Entfernung an: 25 bis 30 Stadien oder 5 bis 6 km sind sie gerudert oder gesegelt und befinden sich jetzt mitten auf dem See.[130] Da sehen sie die Gestalt Christi über den aufgewühlten Wogen. Als die Gestalt näher kommt, erfasst sie Furcht. Christus spricht: «Ich bin, / fürchtet euch nicht.»

Durch die Worte verdichtet sich die Schau zur Geistwirklichkeit. Erkannt haben sie die Gestalt aber sofort. Furcht entsteht trotzdem. Darum sagen auch andere Geistgestalten in den Evangelien: «Fürchtet euch nicht.» Wovor haben die Jünger Angst? Nicht vor dem Herrn, sondern vor dem Abgrund, der sie von ihm trennt. Das Abgrunderleben wird in der geistigen Schau überwunden.

Das Ich-bin, das Moses hörte, erschien in den Elementen Luft und Feuer.[131] Das Ich-bin, das sich den Jüngern offenbart, erscheint in den Elementen Luft und Wasser: Zeichen des Abstiegs. Zuvor ist er aufgestiegen.

Sie wollten ihn im Boot mitnehmen: Das ging nicht, weil er physisch gar nicht anwesend war. Trotzdem fuhr er mit: als ihr Seelenführer. Darum sind sie dann auch gleich am Ziel.

Die Darstellung des fünften Zeichens ist die weitaus kürzeste. Sie enthält im Unterschied zu allen anderen kein Gespräch, sondern nur die – aber alles entscheidende – Ansprache Christi: «Ich bin, / fürchtet euch nicht.»

Die Zeichentat besteht nicht im «Wandeln auf dem Wasser». Diese Erfahrung machte der sinkende Petrus bei Matthäus.[132] Die Weisung lautet vielmehr: Jeder Mensch, der dem Herrn so nahe kommt wie die Jünger, kann ihn schauen in der Seinsweise der Engel und erfahren als Rater und Helfer in der Not des Lebens.

Die Heilung des Blindgeborenen

«Im Vorübergehen», also unabsichtlich, trifft Christus einen von Geburt an Blinden. Von Geburt an sind alle Menschen blind in Bezug auf die geistige Welt.

Christus macht einen Brei aus den eigenen Körpersäften und dem Staub der Erde. Diesen Brei legt er auf die Augen des Blinden mit der Aufforderung, sich zu waschen. Nach der Waschung kommt er als Sehender zurück. Das Beispiel kann so nicht wiederholt werden. Aber insofern auf Golgatha das Blut Christi in die Erde floss und er so zum Geist der Erde wurde, kann es sich doch immer wieder ereignen.

Nicht nur von den Pharisäern, auch von den Jüngern wird das «Blindsein von Geburt» als Folge einer früheren Verfehlung gedeutet. Wenn er gesündigt hat, kommt nur ein vergangenes Erdenleben in Frage; denn in der Geistwelt vor der Geburt kann von Sünde nicht die Rede sein. Im Sinne der von den Pharisäern vertretenen Mosaischen Ethik könnte er aber auch für die Sünden seiner Vorfahren büßen. Beides wird von Christus – im Unterschied zum Kranken am Teich Bethesda –

verneint. Es liegt überhaupt kein Verschulden vor, es sei denn in einem vergangenen Erdenleben, wovon der Blinde aber in diesem Leben nichts weiß. Er ist sich keiner Schuld bewusst, und auch andere haben ihm nichts nachgewiesen. Es geht um dieses Leben und das Sehen in diesem Leben. Darum sagt Christus: «Wir müssen wirken ... solang es tagt», und: «Nur in der Welt bin ich das Licht der Welt.» Er wirkt im Sonnenlicht. Und darum heißt es vom Blindgeborenen: «damit an ihm sich zeigen / die Werke Gottes.» Das Werk Gottes wird hier durch die Gnade Christi zum Zeichen künftiger Schau im Lichte des wahren Lebens.

Das neue Sehen des Blindgeborenen ist in der Darstellung des Johannes mit der Kraft des Wortes verbunden. Die Darstellung dieser Zeichentat enthält von allen das weitaus umfangreichste Gespräch; und der Geheilte ist den Pharisäern und religiösen Führern im Wort überlegen. Sie können seinem Wort nur ihre Macht entgegensetzen, indem sie ihn aus der Synagoge ausschließen.

Das Sehen ist auf der sechsten Stufe gleichbedeutend mit dem rechten Urteil. Der Geheilte *sieht* den Menschensohn in seiner physischen Erscheinung und *glaubt* an seinen göttlichen Ursprung. Er sieht den Gott im Menschen. Darum fällt er vor ihm nieder. Er ist im ganzen Evangelium der Einzige, der außer dem Christus selbst das Ich-bin spricht, und er ist von den Geheilten der Einzige, der vor ihm niederkniet.

Die Weisung des sechsten Zeichens lautet: Der Mensch urständet im Wort Gottes; und mit seiner Hilfe kann jeder Mensch im andern den göttlichen Wesenskern von seiner Hüllennatur unterscheiden lernen und entsprechend sehend werden.

Die Erweckung des Lazarus

Die siebente Zeichentat Christi

Die Auferweckung des Lazarus ist das letzte und größte der sieben «Zeichen», wie sie Johannes schildert. Das Menschheitsideal leuchtet auf. In der Auferweckung des Lazarus kündigt sich die Auferstehung Christi an. Das betont auch Thomas von Aquin.[133] Rudolf Steiner sagte am 2. Juli 1909: Des Christus eigener Impuls wird in Lazarus erweckt. Lazarus nimmt die Christuskraft so auf, dass «sein ganzes Wesen davon durchdrungen wird und er ein anderer Mensch, ein christusdurchdrungener Mensch wird».[134] Das kann von keiner früheren Initiation gesagt werden.

Dass die Erzählung von der Erweckung des Lazarus eine Einweihung darstellt, wurde in den ersten drei Jahrhunderten wohl noch verstanden. Das zeigen einige Werke der frühchristlichen Kunst. Erst seit dem vierten Jahrhundert setzt sich eine moralisierende Interpretation durch. Ambrosius (gestorben 397), in seiner Schrift über die Buße, und Augustinus (gestorben 430) in seinem Johanneskommentar sehen in Lazarus den großen Sünder in Analogie zu seiner Schwester Maria Magdalena, die fälschlicherweise mit der großen Sünderin identifiziert wurde, von der Lukas berichtet.[135] Das Wunder wird dadurch gesteigert, aber die spirituelle Dimension des Geschehens verfehlt. Augustinus deutet den Verwesungsgeruch als Hinweis auf «gewohnheitsmäßige Sünde»: «Es gibt eine sehr schlimme Art von Tod», schreibt er, «sie heißt böse Gewohnheit».[136] In den vier

Tagen sieht er die Stufenfolge einer vierfachen Verfehlung, wenngleich mit dem Hinweis, dass dunkle Stellen «nach der Verschiedenheit der Ausleger einen mannigfachen Sinn zulassen».

Der erste Tag bedeutet nach Augustinus Verfehlung in Folge der Erbsünde. Der zweite Tag zeigt Übertretung des Naturgesetzes an, das nicht zu tun, was man selbst nicht erleiden möchte. Der dritte Tag symbolisiert den Verstoß gegen das Gesetz, wie es von Moses überliefert ist. Der vierte Tag des Todes ist ihm ein Hinweis auf die Verachtung des Evangeliums. Die Deutung des Augustinus zieht sich in Abwandlungen durch das Mittelalter bis in die Neuzeit.[137]

Augustinus gehört zu den größten christlichen Philosophen und Theologen. Aber in Bezug auf Lazarus hat er sich geirrt. Auch für den reichen Jüngling mangelt ihm Verständnis.[138] Seine Fehldeutung hat wesentlich dazu beigetragen, dass das vierte Evangelium zumeist dem Sohn des Fischers vom See Genezareth zugeschrieben wurde. Aus dem Evangelium selbst wird deutlich: Lazarus ist der Verfasser des Johannesevangeliums; denn Lazarus ist der Jünger, «den der Herr lieb hatte»; und dieser ist Johannes der Evangelist.

Nur Johannes spricht von Lazarus:

> Herr, siehe, er ist krank, *er, den du liebst.*
> Als Jesus dies gehört, sprach er:
> Zum Tode
> ist diese Krankheit nicht, vielmehr
> zum Ruhme Gottes,
> damit sich offenbare Gottes Sohn.

Jesus jedoch, er liebte[139]

*Martha und ihre Schwester
und Lazarus.
Als er nun hörte, er sei krank,
da blieb er noch zwei Tage an dem Ort,
an dem er sich befand.*

Der kritische Verstand kommt im Nachvollzug dieser Erzählung rasch an seine Grenzen. Jesus sagt: «Zum Tode / ist diese Krankheit nicht, vielmehr / zum Ruhme Gottes.» Das heißt, es ist keine gewöhnliche Krankheit: Die Kraft des Christus soll sich durch sie offenbaren. Merkwürdiger noch: Jesus wird gerufen, und er wartet zwei Tage. Warum geht er nicht gleich? Warum wartet er zwei Tage? Dies ist umso auffälliger, als betont wird: Jesus liebt Lazarus und seine Schwestern. Erst nach zwei Tagen sagt er zu den Jüngern: «Lazarus, unser Freund, er schläft. / Ich gehe, / ihn aufzuwecken.» Sie verstehen ihn erst nicht, dann sagt er es deutlich: «Lazarus ist gestorben.» Erst sagte er: Die Krankheit ist nicht zum Tode, jetzt heißt es: Er ist gestorben. Das bedeutet: Es ist kein gewöhnlicher Tod,[140] sondern ein Initiationstod, der nach dreieinhalb Tagen zur Erweckung führt: «Als Jesus kam, / lag Lazarus den vierten Tag im Grabe.»

Die Initiation beginnt aber nicht erst in Bethanien nahe Jerusalem, wo Lazarus und seine Schwestern zuhause waren, sondern in jenem Bethanien jenseits des Jordans,[141] wo Johannes getauft hatte. Die Anknüpfung an die Mission des Täufers ist offensichtlich und der Gang über den Fluss symbolisch zu verstehen.[142] Das zweitägige Warten ist eine Zeit der geistigen Verbindung von Christus und Lazarus. Ohne diese geistige Verbindung wäre Lazarus gestorben.

Es sind drei Tage vergangen. Die Hervorhebung des vierten Tags soll aber doch wohl andeuten: Die Todesschwelle ist von Lazarus wirklich überschritten worden.[143] Insofern ist diese Einweihung viel mehr als eine herkömmliche Initiation. Und Christus ist ja auch kein gewöhnlicher Hierophant. Es handelt sich um die Eröffnung des Wendemysteriums der Menschheitsgeschichte. Dabei übernimmt der Evangelist die Aufgabe des Vorläufers und gibt ihr eine neue Richtung.[144]

Jesus sagt zu Martha: «Ich bin die Auferstehung und das Leben» – das fünfte der sieben Ich-bin-Worte im Johannesevangelium. Die ersten vier lauten: Ich bin – das Brot des Lebens, das Licht der Welt, die Tür und der gute Hirte. Das sechste lautet: «Ich bin der Weg, die Wahrheit und das Leben» und das siebente: «Ich bin der wahre Weinstock.» Alle sieben Ich-bin-Worte beziehen sich auf das *wahre Leben;* dreimal wird das Leben direkt genannt.

Martha denkt zuerst an die Auferstehung am jüngsten Tag. Aber Jesus spricht zu ihr:

Ich bin die Auferstehung und das Leben.
Wer an mich glaubt, wird leben,
auch wenn er stirbt.
Und wer von allen Lebenden
auf Erden an mich glaubt,
wird nicht mehr sterben
in alle Ewigkeit.
Glaubst du das?
Sie sagt zu ihm: Ja, Herr, ich glaube fest:
Du bist der Christus, Gottes Sohn,
der in die Welt
kommt.

Das Glaubensbekenntnis der Martha entspricht in seiner Bedeutung dem Petrus-Bekenntnis unmittelbar vor der Verklärung auf dem Berge. Der Glaube eines Menschen ist erforderlich, damit die Erweckung erfolgen kann. Die christliche Einweihung ereignet sich in der Gemeinschaft. Das bestätigt die Ausgießung des Heiligen Geistes zu Pfingsten. Die zentrale Aufgabe Marthas beim Erweckungsgeschehen bringen besonders eindrucksvoll das ottonische Wandgemälde in St. Georg, Reichenau-Oberzell (Abb. 7), und das Sandsteinrelief von Veit Stoß (1520; Abb. 17) zum Ausdruck.

In Jesus ist das Wort, das im Anfang war, Fleisch geworden. Christus ist das Wort, das im Urbeginne bei Gott war und Gott war. Das bedeutet: Gott ist in Lazarus offenbar geworden: durch Jesus-Christus.

Vor der Zeitenwende hat der Hierophant das Wort gedacht und gesprochen,[145] jetzt ist das Wort selbst, der Logos, als Leben in den Neophyten eingezogen. Das ist das Neue: Lazarus ist erweckt worden zum höheren Leben des Ich-bin. «Ich bin» ist der Name Gottes, den Moses noch außer seiner selbst, in den Elementen, erlebt hat. Das gilt auch noch für die Jünger auf dem See Genezareth. «Ich bin» ist der wahre Name Christi, der im Innersten des Menschen vernommen werden kann: in der unio mystica oder Intuition, in der das höhere Leben des Wortes erfahrbar wird.[146]

Die Einweihung des Lazarus ist noch eine alte Initiation, insofern er noch in den drei Tage währenden todähnlichen Schlaf versetzt wird. Es ist aber zugleich die erste neue, christliche Einweihung, insofern der physische Leib nicht unberührt bleibt. Auch der physische Leib wird vom lebendigen Wort ergriffen und anfänglich verwandelt. Zum ersten Mal in der Menschheitsgeschichte wird in der Initiation der physische Leib einbezogen. Auch er hat teil – durch die überfließende Gnade Christi – an der Auferstehungskraft des Logos. Weil Christus «Auferstehung und Leben» nicht nur verkündet, sondern *ist*, geht es bei der Erweckung des Lazarus nicht um ein «Leben nach dem Tode», sondern um das wahre, ewige oder höhere Leben, das die Auferstehung des Fleisches *schon jetzt* ermöglicht, wenn sich der Glaube an Christus durch Erkenntnis und Liebe erkraftet. Christus *liebt* Lazarus und seine Schwestern, und er wird von ihnen geliebt. Wahre Liebe bedeutet ewiges Leben: im Himmel und auf Erden.

Jesus ergrimmt im Geiste und beginnt zu weinen.[147] Die Tränen sind Ausdruck seiner Lebenskraft, die von ihm zu Lazarus strömt. Da sagen die Juden: «*Seht, wie er ihn liebte!*» Jesus ergrimmt ein zweites Mal im Geiste. Der Grimm ist eine seelische Erschütterung, die aber nicht von außen, sondern von innen, im Ichwesen erfolgt. Dann tritt er an das Grab:

> Und Jesus hob die Augen auf; er sprach:
> Vater, ich danke dir.
> Du
> hast mich erhört.
> Ich wusste,
> dass du mich alle Zeit erhörst.
> Doch wegen dieser Menge,
> um uns herum, hab' ich gesagt,
> damit sie glauben: Du
> hast mich gesandt.
> Nach diesen Worten
> rief er mit lauter Stimme: Lazarus!
> Hierher! Heraus!

Es ist zu beachten, dass der dreifache Anruf «Lazarus! Hierher! Heraus!» *nach* dem Dankgebet gesprochen wird. Christus wirkt durch Grimm und Tränen seelisch bis in die Lebenskräfte. Es geht aber um Einbeziehung des physischen Leibes. Das kann im letzten Grund *nur der Vater* wirken. Nirgends wird die Einheit von Vater und Sohn stärker hervorgehoben als im Johannesevangelium.

Lazarus wird vom Christus erweckt, aber mit der Kraft des Vaters. Darum ist das Dankgebet die Einleitung des Erweckungsgeschehens.

Was so in aller Öffentlichkeit geschah – es waren viele Menschen zugegen – musste von den Wissenden als Mysterienverrat angesehen werden. Darauf stand in alten Zeiten die Todesstrafe. Die Hohenpriester und Pharisäer beriefen eine Versammlung ein. Sie verstanden nicht die Wende der Zeit. Johannes berichtet:

> Seit jenem Tag stand ihr Beschluss
> fest,
> Jesus zu töten.

Bei der anschließenden Salbung in Bethanien heißt es dann, dass die Hohenpriester beschlossen, *auch Lazarus zu töten*.

Mit der Auferweckung des Lazarus hat Jesus Christus bewusst an die Mysterientradition angeknüpft.[148] Die alte Esoterik bestand darin, dass die in der Vorbereitung (Katharsis) durch Meditation und Konzentration gebildeten Organe der Seele in den Leib der Lebenskräfte eingeprägt wurden. Das ging nicht, solange der Lebensleib im physischen Leibe war und mit ihm eine Einheit bildete. Deshalb musste der ätherische Leib aus dem physischen Leib herausgehoben werden. Das geschah in jenem drei Tage währenden todähnlichen Schlaf. Es ist kein gewöhnlicher Schlaf, denn im Schlaf bleiben physischer und Lebensleib verbunden. Erst im Tode trennt sich gewöhnlich der Lebensleib vom physischen Leib: nach drei Tagen. Der Initiationstod führt aber zu neuem Leben: nach drei Tagen. Bei Lazarus war es der vierte Tag. Der Leib war trotzdem nicht in Verwesung übergegangen. Die Tradition der zugehaltenen Nasen in der Bildenden Kunst ist Ausdruck von Nichtverstehen. Lazarus war nicht der Sünder, als den man ihn vielfach gerne gesehen hat. Er war der höchste Eingeweihte. Im Nikodemusevangelium wird für ihn das Bild des Adlers gebraucht, mit dem sonst Johannes bezeichnet wird. Johannes ist «die Stimme des mystischen Adlers».[149]

Dramatische Skizze aus dem Nikodemusevangelium

Bei der Kreuzigung Christi gerät die Hölle in Existenznot. Ihr Bauchgrimmen beginnt mit der Auferweckung des Lazarus. Das zeigt der Barberini-Psalter aus dem zwölften Jahrhundert (s. Abb. 11).[150] Nikodemus berichtet von einem Gespräch, das zur Zeit der Kreuzigung in der Unterwelt stattfand, zwischen Hades und dem Teufel. Hades, die Hölle, spricht zum Teufel: «Erbe der Finsternis, Sohn des Verderbens, Teufel, soeben hast du mir gesagt, er habe viele, die du zum Begrabenwerden reif machtest, durch bloßes Wort wieder ins Leben zurückgerufen. Wenn er also andere vom Grabe befreite, wie und mit welcher Macht wird er da von uns überwältigt werden können? Ich verschlang vor Kurzem einen Toten mit Namen Lazarus, und bald danach riss mir einer der Lebenden durch bloßes Wort, mich vergewaltigend, diesen aus meinen Eingeweiden. Ich nehme an, es ist der Gleiche, von dem du sprichst. Wenn wir nun jenen hier aufnehmen, dann setzen wir, fürchte ich, auch die Übrigen aufs Spiel. Denn, schau, ich sehe, wie alle, die ich von Weltbeginn an verschlang, in Unruhe geraten. Ich habe Bauchgrimmen. Der mir vorweg entrissene Lazarus dünkt mich kein gutes Vorzeichen. Denn nicht wie ein Toter, wie ein Adler flog er von mir weg. So schnell warf ihn die Erde heraus. Deshalb beschwöre ich dich bei allem, was dir und mir wert ist, bring ihn nicht her! Denn ich glaube, er kommt mit der Absicht hierher, alle Toten aufzuwecken. Und das sage ich dir: Wahrlich bei dem Dunkel, das uns umgibt, bringst du ihn her, wird mir keiner der Toten übrig bleiben.»[151]

Aus diesem Dialog aus dem Nikodemusevangelium geht hervor, dass Lazarus durch das ewige Wort auferweckt wurde; und das wird als Vorzeichen der allgemeinen Auferstehung der Toten gedeutet. Bedeutsam ist die Bildlichkeit: Lazarus flog «wie ein Adler» empor. Der Adler ist Symbol des Evangelisten Johannes. Solche Bilder sind in alten religiösen Dokumenten nicht zufällig. Noch im Redentiner Osterspiel von 1464 heißt es: «Er (Johannes) hat sich aufgeschwungen als ein Adler wie Lazarus auf die Worte: ‹Komm heraus!›.»

Lazarus in der Bildenden Kunst

Auf einem *Relief an einem Sarkophag* in Rom,[152] konstantinisch um 320, erscheint Christus sehr groß, das Antlitz jung, bartlos, wie ein griechischer Gott; Lazarus sehr klein, wie die Puppe eines Schmetterlings. Christus trägt in der Rechten den Stab des Hierophanten.[153] Ähnliche Darstellungen gibt es auf weiteren Sarkophagen und auch in den römischen Katakomben. Damit ist angedeutet: Die Erweckung ist als Initiation zu verstehen. Die alten Einweihungsriten waren damals noch verbreitet, wenn auch in Dekadenz. Der Zusammenhang ist deutlich, wird aber in den späteren Jahrhunderten kaum noch gesehen.[154]

Die Ausmalung von *St. Georg in Oberzell* erfolgte um 990 unter Abt Witigowo, als die Reichenauer Malerschule in ihrer Blüte stand.[155] Die Bilder, darunter eine Darstellung der Lazarus-Perikope, sind 2,28 Meter hoch und vier bis fünf Meter breit. Für die Farbgebung wurden überwiegend gelblicher und roter Ocker, sowie grüne und blaue «Erde» verwendet. Der Himmel ist zweigeteilt in einen blau getönten irdischen Bereich und einen Geisthimmel, der durch einen oberen Streifen in gelblichem Ocker angedeutet ist. Wenn die Bilder auch ziemlich schlecht erhalten sind: ihre hohe künstlerische Bedeutung ist auch heute noch spürbar.

Das Lazarus-Bild zeigt im Nebeneinander drei Szenen, die sich nacheinander ereignet haben:

1. Maria Magdalena ist dem Herrn entgegen gegangen, kniet nun vor ihm nieder und sagt, wie vor ihr

Abb. 6: Die Erweckung des Lazarus. Relief an einem Sarkophag. Rom, um 320. Rom: Museo nazionale, Nr. 455.

Abb. 7: Die Erweckung des Lazarus. Wandmalerei in St. Georg, Reichenau-Oberzell, um 990.

schon Martha: «O Herr, wärest du hier gewesen, /mein Bruder wäre nicht gestorben.» (11, 32) Maria kniet im Vordergrund vor Christus, hat ihren Kopf aber umgewendet. Sie blickt zurück auf den erweckten Lazarus.

2. Martha steht vor dem Herrn und spricht: «Es ist der vierte Tag.» (11, 39) Abweichend von der Tradition,

ist Martha auf diesem Bild durch ihre die Geschwister überragende Größe und durch Mitteposition deutlich hervorgehoben. Sie verbindet Christus und Lazarus mit der Gebärde ihrer rechten Hand, die sie dem Herrn entgegenhält, und mit der Neigung ihres Kopfes zu Lazarus, der sich seinerseits zu ihr und Christus hinneigt. Auch in ihr ist die irdische Zeit aufgehoben.

3. Lazarus steht vor einer allseitig offenen Ädikula, einem Grabtempelchen, und ist soeben erweckt worden

durch das Wort: «Lazarus! Hierher! Heraus!» (11, 43) Er ist schon herausgekommen, obgleich er noch mit Bändern umwickelt ist.

Hinter Christus stehen die Apostel, hinter Lazarus die Juden und ein Helfer mit dem abgenommenen Sargdeckel. Den Hintergrund bilden dreifach verschiedene Andeutungen von zweidimensional gesehener Architektur: Hinter der Gruppe um Christus sieht man zwei Rechtecke, die vielleicht Tore darstellen; hinter der Judengruppe ist die Ortschaft Bethanien zu sehen; und Lazarus steht vor dem kleinen Tempel, der sich über seinem Grab erhebt. Über Christus, die Schwestern und die Apostel ist in Verbindung mit den beiden Toren ein geöffneter Vorhang gespannt. Die wahre Tür ist Christus.

Auf der Reichenau, am Bodensee, um die erste Jahrtausendwende, entstand auch das *Evangeliar Ottos III.,* das heute in der Münchener Staatsbibliothek aufbewahrt wird.[156] Das Bild ist in zwei Zonen gegliedert. Unten, in der Mitte, dominiert der Lebensbaum, mit drei Ästen. Neun Menschen blicken nach oben, wo sich auf einem Wolkenband die Erweckung des Lazarus ereignet. Hier befindet sich Christus mit zwölf Menschen. Die beiden Schwestern, ungewöhnlich klein, knien vor Christus, der alle anderen Gestalten überragt.

Lazarus steht aufrecht, in Tücher gewickelt, vor einer Ädikula, ähnlich wie auf dem Wandgemälde in St. Georg, Reichenau-Oberzell. Der Sargdeckel war offenbar leicht zu heben. Der Sarg selbst ist seltsamerweise eine flache Holzkiste. Am Grabgewölbe erhebt sich ein dreiteiliger Torbogen: Der Bogen ruht auf zwei Säulen. Hinter der linken Säule, halb verdeckt, greift jemand

Evangeliar Ottos III.

Abb. 8: Die Erweckung des Lazarus. Buchmalerei aus dem Evangeliar Ottos III. Reichenau, Ende 10. Jahrhundert. München: Bayerische Staatsbibliothek Clm 4453, fol. 231 v.

mit der Linken um die Säule und hält sich mit der Rechten die Nase zu.

Oben links ist das Neue Jerusalem abgebildet. Die Erweckung des Lazarus deutet zurück zum Anfang und voraus zum Weltende.

Bernward von Hildesheim (960–1022) schuf um 1015 eine Bronzesäule für St. Michael, die sich heute im Dom befindet. Der Schaft zeigt Szenen aus den drei Jahren zwischen Taufe und Einzug in Jerusalem mit Hervorhebung der Verklärung Christi.[157] Bernward gestaltet nicht nur die Erweckung des Lazarus, sondern auch Christus im Gespräch mit den Schwestern. Im Evangelium spricht er erst mit Martha, dann mit Maria. Bernward zieht beide Gespräche in einem Bild zusammen.

Das Christusbekenntnis der Martha hat für die Erweckung des Lazarus eine ähnliche Bedeutung wie das Petrusbekenntnis für die Verklärung auf dem Berge. Darum widmet ihm Bernward ein eigenes Bild. Ebenso auf zwei Bilder verteilt ist die Reliefdarstellung an der Kathedrale von Chichester (um 1125–1140).[158]

Die Erweckung des Lazarus von *Bernward von Hildesheim* um 1015 zeigt auf engem Raum Christus, Lazarus und drei weitere Gestalten. Lazarus erhebt sich mit seinem Oberkörper aus einem Steinsarkophag. Bisher wurde immer der Erweckte gezeigt; Bernward zeigt den Vorgang des Erweckens.[159] Christus neigt sich ihm liebevoll zu. Lazarus erwidert die Gebärde, erhebt beide Hände dem Christus entgegen. Maria Magdalena – oder ist es Martha? – blickt ebenfalls auf Christus. Sie scheint den Kreuznimbus Christi zu berühren. Die dritte Gestalt im Hintergrund wendet sich ab, zur Stadt hin.

BERNWARD VON HILDESHEIM

Abb. 9: Bernward von Hildesheim: Die Erweckung des Lazarus, um 1015. Christussäule. Hildesheim: Dom.

Zugehaltene Nasen gibt es bei Bernward nicht, auch nicht in seinem kostbaren Evangeliar.[160] Bernward hat die zentrale Bedeutung der Erweckung des Lazarus für das Wendemysterium der Menschheitsgeschichte erkannt.

Das kostbare Evangeliar Bernwards von Hildesheim enthält neben einer singulären Illustration des Johannesprologs und einem abschließenden Bild des Evangelisten[161] halbseitige Darstellungen zu folgenden Themen: Taufe, Erweckung des Lazarus, Einzug in Jerusalem, Kreuzigung und leeres Grab, Auferstehung – Ereignisse, die Bernward im Johannesevangelium durch bildliche Gestaltung besonders hervorheben wollte. Die Originalität der Kompositionen hat die Betrachter schon immer in Erstaunen versetzt. Wem wäre sie zuzuschreiben, wenn nicht Bischof Bernward selbst, von dem sein Biograph berichtet, er habe sich in den Künsten geübt.

Lazarus sitzt rechts unten, noch mit Bändern umwickelt, in der Mitte eines bemalten rechteckigen Kastens, im Aufblick zu Christus, dem Erwecker. Auch die fünf Jünger am linken Bildrand und die beiden Schwestern des Lazarus, Maria Magdalena und Martha, die hinter Lazarus stehen, haben den Blick auf Christus gerichtet.

Christus steht bildbeherrschend in der Mitte und hebt seine Augen auf zum Vatergott, dessen Gegenwart durch einen achtstrahligen Stern in einem mehrfarbigen Kreissegment symbolisiert ist. Die Jünger und die Schwestern sind jeweils eng aneinandergerückt. Christus steht allein zwischen zwei großen Pflanzen, die sich wie Bäume erheben, sich vor dem Herrn verneigen und jeweils drei Früchte tragen. Die Erde ist durch ineinandergreifende Kreissegmente angedeutet. Neben den zwei großen wachsen noch zwei kleine Pflanzen.

Christus trägt ein grünes Gewand mit einem goldfarbenen Umhang. Er streckt beide Arme aus: eine Geste, die Ergebenheit ausdrückt, Hingabe an den Willen des Vatergottes, das Dankgebet:

Abb. 10: Bernward von Hildesheim, um 1010–20: Das kostbare Evangeliar, fol. 174 v., untere Hälfte. Hildesheim: Dommuseum.

> Und Jesus hob die Augen auf; er sprach:
> Vater, ich danke dir,
> Du
> hast mich erhört. 11, 41.

Dass Lazarus schon im Hades war, zeigt das Nikodemusevangelium und eine diesbezügliche Darstellung im *Barberini-Psalter* aus dem 12. Jahrhundert.[162] Unten sieht man die Hölle, deren Eingeweiden die Seele des Lazarus entrissen wird. Zwei kleine Teufel begleiten sie noch ein Stück auf ihrer Bahn aufwärts, die durch einen von Christus ausgehenden Strahl bezeichnet ist. Neben Christus steht Petrus. Zu seinen Füßen liegen die

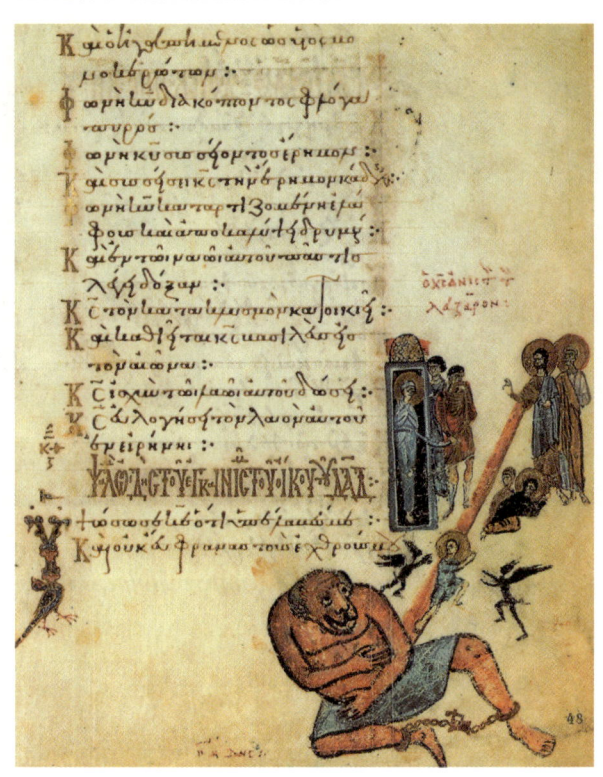

Abb. 11: Die Erweckung des Lazarus. Barberini-Psalter, 12. Jahrhundert. Rom: Vaticana, Barb. Gr. 372.

Schwestern. Martha ist so gezeichnet, als ob sie den Vorgang bewusst verfolgt. Links oben ist Lazarus ein zweites Mal abgebildet. Er steht der Tradition entsprechend in der Öffnung eines Felsengrabes. «Bindet ihn los», hat der Christus gesprochen. Ein Helfer beginnt, die Bänder zu lösen. Mit der Linken hält er sich die Nase zu.

Abb. 12: Giotto: Die Erweckung des Lazarus, Fresko, um 1305. Arenakapelle zu Padua.

Giotto (um 1266–1337) malte um 1305 das Lazarus-Fresko in der Arenakapelle zu Padua. Lazarus steht aufrecht, wie eine Puppe eingewickelt, im Eingang zu einem Felsengrab.[163] Die Schwestern knien vor Christus. Hinter Christus befinden sich die Jünger. Zwei Männer haben noch die Grabplatte in der Hand. Verwesungsgeruch ist angedeutet durch zwei Personen, die sich Tücher vor die Nase halten.

Trotz eindrucksvoller Figurenfülle zeigt das dramatische Geschehen eine klare Komposition mit Betonung der Diagonale von links unten nach rechts oben. Der Berg deutet an: Es geht aufwärts. Die Bäume symbolisieren das neue Leben. Giottos Bild wurde wegweisend, vor allem für die moralisierende Tradition. Ähnliches gilt für *Duccios* Darstellung im Rahmen seiner Maestà, um 1310.

Das Tafelbild von einem *Martha- und Maria-Magdalenen-Altar* aus dem Klarissenkloster zu Nürnberg entstand zwischen 1360 und 1370. Lazarus liegt in einem einfachen Kasten, der das untere Drittel des Bildes einnimmt. Seine Schräglage kontrastiert mit der dreifachen Senkrechte, in der über ihm – auf Goldgrund – Christus, Maria Magdalena und Martha angeordnet sind. Die leicht violett schimmernde, bräunliche Farbe des Sarges setzt sich im Gewand Christi fort. Magdalena, mit dem Salbengefäß, ist rot gewandet. Ihr Blick geht zum Haupt Christi. Martha, mit einem Buch in der Linken, trägt ein grünes Obergewand. Sarg, Salbgefäß und Buch sind die einzigen Gegenstände auf dem Bild.

Im Unterschied zu den beiden Schwestern ist das Haupt Christi – mit Kreuznimbus – geneigt. Er macht mit der Rechten den Segensgestus. Seine Linke, mit gelängtem Zeigefinger, deutet auf die Herzregion des Lazarus.

Im Herzen empfängt Lazarus die Auferstehungskraft Christi. Er ist ganz in weiße Tücher gehüllt. Der Oberkörper und das linke Knie sind bereits leicht angehoben

Klarissenkloster zu Nürnberg

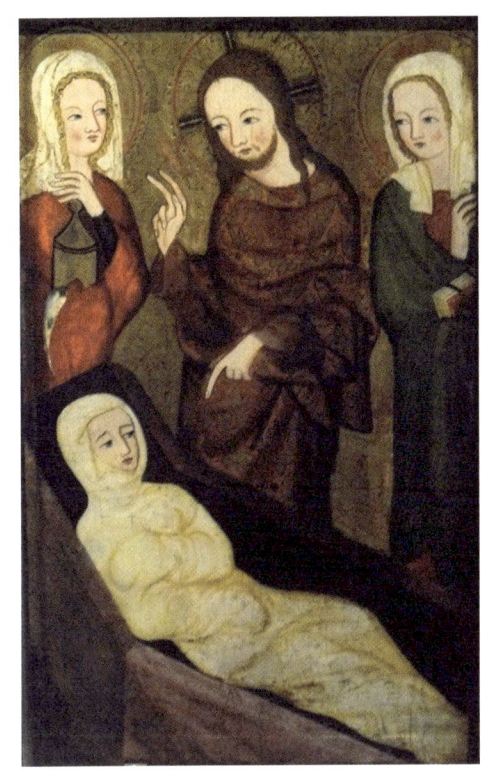

Abb. 13: Die Erweckung des Lazarus. Tafelbild vom Martha- und Maria-Magdalenen-Altar aus dem Klarissenkloster zu Nürnberg, um 1360/70, 33, 6 x 19, 9 cm. Nürnberg: GNM.

und die Augen geöffnet. Das Antlitz wirkt sehr jung und eher weiblich.

Der Maler hat sich auf das Wesentliche konzentriert. Das Menschheitsdrama vollzieht sich in einem Augenblick innerer Ruhe. So ist das Bild in besonderem Maße zur Meditation geeignet.

In den *«Très riches Heures»* für den Duc de Berry (vor 1416)[164] erfolgt die Erweckung des Lazarus auf einem Friedhof. Der Christus, blau gewandet und nimbiert, steht rechts im Vordergrund – deutlich größer als die anderen Gestalten. Die Rechte hat er erhoben; der linke Arm ist horizontal abgewinkelt, so dass ein Kreuz entsteht.

Lazarus erhebt sich aus seinem kostbaren Steinsarg. Drei Männer sind noch dabei, den schweren Sargdeckel wegzuheben («Nehmt weg den Stein!»). Sie blicken nach unten. Lazarus ist nicht gebunden, sondern nur locker in Grabtücher gehüllt. Er sieht frisch und gesund aus und erinnert an Helden der Antike. Nichts deutet auf Verwesung – obgleich sich einige Zeugen, voreingenommen, im Hintergrund die Nasen zuhalten. Christus und Lazarus blicken sich in die Augen. Für Lazarus vollzieht sich ein Akt der höchsten Selbsterkenntnis.

Maria Magdalena hat die Arme gekreuzt und blickt zum Christus. Martha, hinter ihr stehend, blickt auf Lazarus. Die Zeugen sind links und rechts auf zwei Gruppen verteilt, die durch eine Kirchenruine getrennt sind. Hinter der Ruine sieht man vier weitere Grabplatten und eine Baumreihe unter tiefblauem Himmel.

Auffällig an diesem Bild der Brüder Limburg ist vor allem die Kirchenruine. Es kommt zum Ausdruck: Der

Abb. 14: Brüder Limburg, wohl Hermann: Die Erweckung des Lazarus, vor 1416. Buchmalerei: Très riches Heures für den Herzog von Berry. Chantilly: Musée Condé, Inv. Nr. 1284, fol. 171 r.

BRÜDER LIMBURG

udica me deus et discer
ne causam meam de
gente non sancta ab
homine iniquo et doloso eri

pe me quia tu es deus meus
et fortitudo mea. ps
mitte lucem tuam et
veritatem tuam ipsa me de

Tempel des Leibes – der alte Adam – zerfällt. Aber Christus ist die Auferstehung. Er liebt Lazarus. Die Liebe Christi geht als das ewige Wort in Lazarus über: Sein Leib ist wiederhergestellt; noch nicht für immer, aber die Auferstehung am Ende der Zeiten wird durch die Erweckung des Lazarus angekündigt. Die Verse 1 und 3 aus dem 43. (42.) Psalm, die unter dem Bild verzeichnet sind, deuten den Zusammenhang mit dem jüngsten Gericht nur sehr offen lassend an: «Lasse mir Gerechtigkeit widerfahren...» und «Sende aus dein Licht...»[165]

Christus hatte gesprochen: «Brecht ab den Tempel, in drei Tagen / will ich ihn auferbauen.»[166] Damit hat er seine eigene Auferstehung vorherverkündet. Doch hat er den Tod ja nur um der Menschen willen auf sich genommen. Der Tempel zerfällt. Aber er wird wieder aufgebaut werden – mit der Kraft Christi. Insofern ist die Lazaruserweckung Vorbild für die Erlösung der Menschheit.

Zu den herausragenden Werken der Nationalgalerie in Berlin gehört eine Auferweckung des Lazarus von *Albert van Ouwater aus Haarlem (um 1415 – um 1475)*. Es handelt sich um das einzige gesicherte Meisterwerk dieses Künstlers (ca. 1451/55). Die Erweckung im perspektivisch gezeichneten romanischen Chorraum eines Doms hat kein Vorbild.

Die Gruppe um Christus ist deutlich getrennt von der Gruppe der Priester und Gelehrten. Es sind jeweils sechs Personen. Etwa zehn Personen aus dem Volk drängen

Abb. 15: Albert van Ouwater: Die Auferweckung des Lazarus, 1451/55. 122 x 92 cm. Berlin: Gemäldegalerie.

Albert van Ouwater

LAZARUS IN DER BILDENDEN KUNST

sich außerhalb an der Gittertür und werden so ebenfalls Zeugen des Geschehens.

Christus ist schwarz gekleidet, wie ein Mönch. Das Grab ist in den Boden eingelassen, die Platte schräg darüber gelegt: das Kreuz wird überwunden. Der auferweckte Lazarus sitzt auf dem Querbalken.

Sebastiano del Piombo (um 1485–1547) stand 1517-1519 mit seiner «Auferweckung des Lazarus» im Wettbewerb mit Raphaels «Verklärung Christi».[167] Die Vorzeichnung für die Lazarusgestalt stammt von Michelangelo. Dieser muskulöse Lazarus sieht nicht aus wie jemand, der über drei Tage im Grabe lag.

Wichtig ist auf diesem Bilde die Landschaft und die Choreographie der zahlreichen Menschen. Mehr als die Auferweckung interessiert das Geschehen im Umkreis: das öffentliche Ärgernis.

In der Skulptur ist die Darstellung der Lazarusperikope sehr selten. Das *Sandsteinrelief von Veit Stoß* (1447–1533) aus dem Jahre 1520 ist darüber hinaus ikonographisch einzigartig konzipiert.[168] Der ruinöse Zustand – stark verwittert und von Menschenhand brutal zerstört – lässt immer noch ein Meisterwerk erahnen. Es bestand ursprünglich aus zwei Blöcken, von denen nur der untere, größere Teil erhalten geblieben ist.

Auffallend ist die Dreigliederung durch zwei im Vordergrund befindliche Säulen. In der Mitte erhebt sich Lazarus, umgeben von gedrängt stehenden Menschen. Die abgewinkelten Beine weisen nach vorn zum

Abb. 16: Sebastiano del Piombo: Die Erweckung des Lazarus, 1519. 381 x 289 cm. London: National Gallery.

Abb. 17: Veit Stoß: Die Erweckung des Lazarus. Sandsteinrelief, St. Sebald, 1520. Nürnberg: GNM.

Betrachter, aber seinen Oberkörper wendet Lazarus zur Seite, Christus zu, der sich links befindet, deutlich größer ist und sich offenbar gerade ebenfalls erhebt: Auch seine Beine sind abgewinkelt. Darüber hinaus ist die Armhaltung ähnlich. Aber Lazarus hat seine Hand auf den Kopf des Helfers gelegt, der am Boden kniet und ihm die Bänder löst. Hinter diesem Helfer hebt eine Frauengestalt, wohl Maria Magdalena, ihr Kleid etwas an, damit es den Knieenden nicht stört. Eine weitere Gestalt greift Lazarus aufhelfend unter die Achsel.

Lazarus ahmt erwachend die Bewegung Christi nach. Der Helfer stützt ihn, aber die Aufrichtekraft in Lazarus dominiert: Er steht von alleine auf. Erstaunlich ist die Säule, die – vervollständigt – Christus von Lazarus trennt, allerdings nur für den Betrachter. Der Blickkontakt findet hinter der Säule statt.

Mit dem Kunstgriff der beiden Säulen kann Veit Stoß drei Begebenheiten der Perikope in ein Bild zusammenziehen. In der Mitte handelt es sich um den Moment des Lösens der Bänder: «Bindet ihn los und lasst ihn gehen!» Dieser Teil der Handlung wurde oft dargestellt.

Dagegen ist im linken Bildfeld die Frauengestalt hinter Christus singulär gestaltet: Sie berührt mit ihrer linken Hand die Herzregion des Lebensspenders; mit ihrer Rechten greift sie an ihr eigenes Herz. Man denkt zunächst an Maria Magdalena.[169] Es kann sich aber nur um Martha handeln. Einerseits ermöglicht sie durch ihr Bekenntnis den Vorgang des Erweckens,[170] andererseits versucht sie im letzten Augenblick, den Christus noch zurückzuhalten: «O Herr Verwesungsluft, / es ist der vierte Tag!» Und Christus weist sie zurecht. Es gilt aber das Wort:

> Jesus jedoch, er liebte
> Martha und ihre Schwester
> und Lazarus.

Die Reihenfolge ist zu beachten: «Martha und ihre Schwester.» Damit ist Martha hervorgehoben, wie in der ganzen Perikope.

Eindrucksvoll ist auch der Spannungsbogen zur großen Gestalt neben der rechten Säule. Sie steht auf dem Deckel des Sarkophags und ist in Rückenansicht dargestellt. Damit wird deutlich, dass es sich um einen Gegner Christi handelt. Dieser Mensch wendet sich ab, um dem Hohen Rat von der unerhörten Begebenheit zu berichten: «An jenem Tag beschlossen sie, / Jesus zu töten.»

LAZARUS IN DER BILDENDEN KUNST

Abb. 18: Jacopo Tintoretto: Die Erweckung des Lazarus, 1576. Lübeck: Katharinenkirche.

Originell ist auch die Darstellung von *Tintoretto* (1518–1594) in der Katharinenkirche zu Lübeck aus dem Jahre 1576. Lazarus steigt sonst immer aus der Tiefe auf. Bei Tintoretto hat man den Eindruck, als wolle er von oben zum unten stehenden Christus herabfliegen. Vier Helfer heben ihn aus seinem Grab, das in eine senkrecht aufragende Felswand eingearbeitet ist. Christus hat seine linke Hand wie zum Gruß erhoben. Er ruft den Lieblingsjünger zu sich. Bänder sind nicht zu sehen. Im Vordergrund knien die Schwestern und ein Knecht (in Rückenansicht), in Begleitung eines Hündchens. Hinter Christus sieht man zwei seiner Jünger und im hinteren Mittelgrund die Bevölkerung.

In die malerische Gesamtbewegung, in Rhythmen von rechts unten nach links oben, aber geneigt zum Christus, fügt sich auch eine große kahlköpfige Gestalt, von der wohl die Kunde der Erweckung zum Hohen Rat gelangt.

Auf dem Kupferstich (nach Maerten de Vos) von *Adrian Collaert* (um 1560 – um 1618) findet die Auferweckung in einer großen Höhle statt. Der Betrachter fühlt sich auch in die Höhle versetzt und blickt von innen nach außen. Das ist wieder eine neue Sicht. Man fühlt sich einbezogen in das Geschehen, ähnlich wie im neunzehnten Jahrhundert bei Eugène Delacroix.

Der Höhlenausgang hat zwei Öffnungen, durch die man auf eine Stadt blickt. Der größere Ausgang gibt die Sicht auf einen großen Dom frei.

Ganz im Vordergrund sitzt Lazarus am Rand des Bodengrabes, flankiert von seinen beiden reich gekleideten Schwestern. Ein Jünger versucht, ihn zu stützen. Aber

LAZARUS IN DER BILDENDEN KUNST

Lazarus intenso CHRISTI clamore vocatus,
& tumuli ad superos redivivus carcere prodit. Ioan. 11

*Abb. 19: Adrian Collaert: Die Erweckung des Lazarus.
Kupferstich, 17, 5 x 14 cm, um 1585.*

Lazarus hat einen muskulösen Körper und macht nicht den Eindruck, als benötige er Hilfe.

Christus erhebt seine Augen und seine Hände. Er spricht das Dankgebet – nach der Erweckung. Das bedeutet: Er hat den geistigen Vorgang, wie die meisten seiner Zeitgenossen, nicht in seiner Tiefe verstanden. Bei Johannes erfolgt die Erweckung nicht vor, sondern mit dem Gebet: Das «Lazare, veni foras» folgt.

Hinter der Gestalt des Christus sieht man einige Jünger. Die Menschen im Hintergrund rechts blicken ungläubig drein. Aber niemand hält sich hier die Nasen zu.

Caravaggio (1573–1610) malte «Die Erweckung des Lazarus» kurz vor seinem Tode, im Jahre 1609 auf Sizilien. Christus, im schwarzen Gewand, steht am linken Bildrand. Sein Gesicht ist dunkel und bildet einen Kontrast zum hell beschienenen Antlitz des hinter ihm stehenden Jüngers, auch zu seinem waagerecht ausgestreckten rechten Arm. Die Hand ist entspannt, der Zeigefinger weist abwärts. Das erweckende Wort hat bereits gewirkt: Aber Lazarus wird von einem Helfer aus seinem Sarkophag herausgehoben. Dem Ruf des Herrn «Hierher! Heraus!» kann er von sich aus noch nicht folgen. Damit steht das Bild im Gegensatz zum Evangelium und zur ikonographischen Tradition, besonders zur Rubensskizze von 1618.

Die beiden Schwestern, am rechten Bildrand, neigen sich über das Haupt des Erweckten. Lazarus bildet mit seinen Armen das Kreuz: Er ist initiiert in den Weg der Passion, der zur Auferstehung führt. Seine rechte Hand, in der Bildmitte, weist senkrecht nach oben – ins Offene.

Lazarus in der bildenden Kunst

Abb. 20: Caravaggio: Die Erweckung des Lazarus, 1609, 380 x 275 cm. Messina: Nationalmuseum.

Abb. 21: Peter Paul Rubens: Die Erweckung des Lazarus. Ölskizze, 37 x 28 cm. 1618/20. Paris: Louvre.

Im Louvre befindet sich eine Ölskizze von *Peter Paul Rubens* (1577–1640) für ein großes Ölgemälde, das 1945 in Berlin zerstört wurde. Christus und die Zeugen stehen im Freien.

Rubens betont die Diagonale von links unten nach

rechts oben. Der jung und frisch wirkende Lazarus kommt mit Schwung und Kraft aus seinem Felsengrab. Die locker sitzenden Tücher werden ihm von Petrus und einer der Schwestern abgenommen. Die andere Schwester blickt auf Christus, der als Hierophant die Szene beherrscht. Auch von den beiden Männern hinter den Schwestern blickt einer auf Lazarus, der andere auf Christus.

Aus dem Felsengrab wächst ein Baum, der sich zum Christus neigt. Gemalt ist der entscheidende Moment, in dem Christus sagt: «Lazarus! Hierher! Heraus!» Das Bild vermittelt keine Todesstimmung, vielmehr das Gefühl freudigen Wiedersehens. Lichte Farben herrschen vor; die große Gestalt des Christus ist – im Kontrast zur Darstellung Ouwaters – in Rot-Tönen gehalten.

Rembrandt van Rijn (1606–1669) hat das Thema «Auferweckung des Lazarus» mehrmals gestaltet. Es hat ihn offenbar von Anfang an bewegt. Bei der ersten Fassung von 1629 war er 23 Jahre alt.[171] Das Werk ist formal bestimmt durch die Vertikale des übergroßen Christus und die Horizontale des Lazarusgrabes.

Das Grab befindet sich in einer großen Höhle, in die von links, wo der Eingang zu denken ist, Licht hereinfällt. Am Fußende des Grabes stehen die beiden Schwestern und eine alte Frau. Über ihnen beugt sich ein Schriftgelehrter herein. Die Gestalt hinter Christus ist vielleicht Petrus.

Über Lazarus an der Felswand hängen seine Waffen: Schwert, Schärpe, Bogen, Köcher mit Pfeilen. Lazarus war ein reicher Ritter. Er ist – im Kontrast zur Darstellung von Rubens – vom Tod gezeichnet: sein Antlitz

Abb. 22: Rembrandt: Die Erweckung des Lazarus, 1629. Holz, 93, 7 x 81, 1 cm. Los Angeles: County Museum of Art.

weiß wie die Tücher, in die er gehüllt ist. Mit Kopf und Oberkörper erhebt er sich gerade. Lazarus schaut auf den Christus, der auf dem Sargdeckel steht und seine Rechte erhoben hat. Er spricht das dreifache Wort: «Lazarus! Hierher! Heraus!» Sein Mund ist noch geöffnet.

Auf den Augenblick des Erweckens konzentriert Rembrandt seine Darstellung.[172] In der Tradition wurde zumeist der Erweckte gezeigt: stehend oder sitzend. Jetzt geht es – wie schon bei Bernward von Hildesheim – um das Erwecken. Christus blickt aber nicht auf Lazarus, sondern frontal zum Bildbetrachter. Jeder Betrachter kann durch Christus erweckt werden wie einst Lazarus.

Wie sein Freund Rembrandt betont *Jan Lievens* (1607–1674) die Horizontale des Lazarusgrabes und die Vertikale Christi. Christus neigt aber seinen Kopf mit Blick nach oben. Er betet mit gefalteten Händen zum Vatergott. Sein Haupt ist auf dieser Radierung von einem großen Lichtschein umgeben, wie bei der Verklärung auf dem Berge.[173]

Von Lazarus sieht man nur die Hände. Jan Lievens arbeitete um diese Zeit eng mit Rembrandt zusammen. Er kannte also die Auffassung Rembrandts. Rembrandt zeigt den Augenblick des Erweckens. Lievens geht mit seiner Konzeption noch einen weiteren Augenblick zurück – zum Gebet: Vater, ich danke dir ... Das Gebet ist schon erhört. Der Sohn und der Vater sind eins. Im Unterschied zu Adrian Collaert hat Jan Lievens verstanden, warum die Erweckung mit dem Gebet einsetzt. Christus ist das wahre Leben. Es geht aber bei der Erweckung des Lazarus um die Einbeziehung des physischen Leibes, denn er ist gestorben: Hierzu bedarf

Abb. 23: Jan Lievens: Die Erweckung des Lazarus, 1631. Radierung, 35,9 x 13,1 cm. Katalog Braunschweig 1979, Nr. 102.

Abb. 24: Eugène Delacroix: Die Erweckung des Lazarus, 61, 5 x 50, 5 cm, 1850. Basel: Kunstmuseum.

es der Vaterkräfte. In Einheit mit dem Vater wirkt die Logoskraft in Lazarus.[174]

Die Logoskraft wirkt in Lazarus: Er streckt seine Hände heraus, aber eben nur Hände und Unterarm – noch bevor der Ruf an ihn ergeht: «Lazare, veni foras!» Eine Frauengestalt zieht das riesige Leichentuch aus dem Steinsarg. Diese Konzeption hat in der Kunstgeschichte keinen Vorläufer.[175] Das entsprechende Ölgemälde (heute in Brighton) – ein in jeder Hinsicht außergewöhnliches Werk – befand sich vermutlich im Besitz Rembrandts.[176]

Eugène Delacroix (1798–1863) hat sich bei seiner Darstellung im Jahre 1850 an Rembrandt orientiert.[177] Auch bei ihm hängen Waffen an der Wand. Auffällig die steile Treppe rechts, die aus der Höhle herausführt. Der Ausgang ist ein verhältnismäßig schmaler Felsspalt.

Der Betrachter fühlt sich an das Platonische Höhlengleichnis erinnert. Sein Standort ist in der Höhle. Dunkles Braun ist vorherrschend. Aus dem finsteren Erdbereich führt ein Stufengang – den Initiationsweg andeutend – in die höhere Welt des Geistes.

Vincent van Gogh (1853–1890) malte im Jahre 1890 – dem Jahr seines Todes – eine «Erweckung des Lazarus» nach Rembrandts Radierung von 1631.[178] Christus ist nicht zu sehen; statt dessen aber eine große Sonne. Lazarus liegt im offenen Grab und hat gerade Kopf und Schultern gehoben. Es ist der Moment des Erwachens, den zuerst Bernward von Hildesheim auf der Christussäule künstlerisch zum Ausdruck gebracht hat. Maria Magdalena und Martha sind in freudigem Erschrecken gezeichnet. Lazarus wird von der Sonne erweckt.

Abb. 25: Vincent van Gogh: Die Erweckung des Lazarus, 48,5 x 63 cm, 1890. Amsterdam: Van Gogh Museum.

«Das Licht scheint in der Finsternis. / Die Finsternis hat's nicht erfasst»: Das gilt bis zur Erweckung des Lazarus. Noch die Jünger auf dem Berg der Verklärung haben nicht begriffen. Der zum Johannes werdende Lazarus ist der erste Mensch, der das Geheimnis des verwandelnden Sonnenlichts Christi begriffen hat – als das Geheimnis von Tod und Auferstehung: weil er die Liebe Christi erfahren hat, die ihn mit den Strahlen der Sonne zum geistigen Erwachen führte.

Christus ist die geistige Sonne. Wie die Sonne in der

aufsteigenden Jahreshälfte die Pflanzen aus dem Dunkel des Erdreichs hervorholt, so entreißt Christus die Menschenseele aus der Nacht ihres Grabes.

Das Sonnenlicht durchdringt die Finsternis und ist Urheberin der Farbenfluten, die auf diesem Bild des van Gogh wie niemals zuvor im Zusammenhang einer Lazarus-Darstellung erscheinen. Lazarus steigt aus dem Dunkel des Grabes in die unbegrenzte Welt der Farben.

Van Gogh identifiziert sich mit dem Geschehen. Kurz vor seinem Tode fragt er: Bin ich vielleicht auch ein Lazarus? Wird mir, wie ihm, wenn ich sterbe, die geistige Aufrichtekraft zuteil? Darum verleiht er dem Erweckten seine Züge, nur zart in der Andeutung, aber eindrücklich.

Zusammenfassung

Die Geschichte der Lazarusdarstellungen in der Bildenden Kunst zeigt bis ins vierte Jahrhundert: Seine Erweckung wurde als Einweihung verstanden. Das lässt eine Identifikation mit dem Lieblingsjünger offen. Christus trägt – in der Art des griechischen Hermes – den Stab des Hierophanten: auf römischen Sarkophagen und in den Katakomben. Lazarus steht wie eine Mumie aufrecht im Torbogen einer Ädikula. So steht er noch auf dem Wandgemälde in St. Georg, Reichenau Oberzell (um 990).

Augustinus hat die Gestalt des Lazarus missverstanden und den Grund gelegt für die moralisierende Tradition, die in den zugehaltenen Nasen ihren Ausdruck findet: So im Evangeliar Ottos III. (um 1000) und zu Anfang des vierzehnten Jahrhunderts bei Giotto. Allerdings sind es die Zweifler und Gegner, die sich die Nasen zuhalten.

Bernward von Hildesheim, zu Anfang des elften Jahrhunderts, hatte offenbar ein tieferes Verständnis für die Vorgänge um Lazarus. Das gilt auch für den unbekannten Maler des Martha- und Maria-Magdalenen-Altars (1360/70) für das Klarissenkloster zu Nürnberg – ein Bild, das besonders für die Meditation geeignet ist.

Bei der Darstellung der Brüder Limburg (wohl Hermann, vor 1416) fällt die Kirchenruine auf – als Symbol des zerfallenden Leibes. Christus wird den Bau in drei Tagen wiedererrichten. Die Erweckung selbst findet in einem kostbaren Sarg auf dem Friedhof statt. Dagegen verlegt Albert van Ouwater in der Mitte des fünfzehnten Jahrhunderts die Erweckung ins Kircheninnere.

Sebastiano del Piombo (1519) betont das öffentliche Ärgernis durch einen Menschenauflauf in der Landschaft. Dagegen herrscht im Grabgewölbe bei Veit Stoß (1520) gedrängte Enge. Er betont in einer singulären Darstellung die Rolle der Martha. Bei Tintoretto (1576) kommt Lazarus gleichsam vom Himmel auf die Erde. Adrian Collaert (1585, nach Maerten de Vos) versetzt den Standpunkt des Betrachters in die Grabeshöhle. Dadurch wird Nähe evoziert. Bei Caravaggio (1609) wird Lazarus aus dem Grab gehoben; er kann von sich aus dem Ruf des Herrn nicht folgen; und in der Skizze von Peter Paul Rubens (1618/20) dominiert die Stimmung freudigen Wiedersehens: Lazarus springt beinahe aus dem Grab. Im Gegensatz zu Rubens ist Lazarus auf dem Gemälde von Rembrandt (1629) vom Tode gezeichnet. Bei seinem Freund Jan Lievens (1631) sieht man nur noch die Hände, die sich aus dem Grab erheben. Eugène

Delacroix (1850) übernimmt die Perspektive von Collaert: Der Betrachter fühlt sich in die Höhle versetzt. Das begehbare Felsengrab ist als Ort der Erweckung seit dem sechzehnten Jahrhundert vorherrschend.

Dagegen erfolgt bei Vincent van Gogh (1890) die Erweckung im Freien. An Stelle des Hierophanten Christus erscheint eine große Sonne. Damit wird das Geschehen in die jeweilige Gegenwart des Betrachters verlegt. Christus, der Erwecker, wirkt in der Seele des Menschen. Van Gogh verleiht dem Erweckten seine Züge. In diesem Sinne kann jeder Einzelne zu Lazarus werden – und damit auch zu Johannes.[179]

Die Verklärung auf dem Berge und die Erweckung des Lazarus sind die beiden wichtigsten Ereignisse zum vorbereitenden Verständnis der zentralen Heilsbotschaft von Tod und Auferstehung. Die Verklärung auf dem Berge zeigt: Der Christus wird auferstehen. Die Erweckung des Lazarus zeigt: Auch der Mensch wird auferstehen. Er wird auferstehen, weil Christus den Tod auf sich nahm und *zum* Tode wurde, wie es Novalis ausgedrückt hat.[180] Anders hätte er ihn nicht überwinden können:

> Im Tode ward das ewge Leben kund,
> Du bist der Tod und machst uns erst gesund.

Die Todeserfahrung des Lazarus gibt dem Verständnis der Todeserfahrung Christi im Johannesevangelium das spirituelle Gewicht; denn Lazarus ist Johannes. Das ist die Weisung der siebenten Zeichentat in der frohen Botschaft des Jüngers, den der Herr lieb hatte: In der Meditation der Zeichentat wird der Weg eröffnet zum

Verständnis der Erhöhung Christi am Kreuz – um des Menschen willen, der in die Erhöhung mit einbezogen werden kann. Hierzu ist die Wirkung des Heiligen Geistes erforderlich, die in den Abschiedsreden angekündigt wird. Das Auferstehungsleben hat begonnen für alle Menschen, die sich dem Wirken des Heiligen Geistes öffnen; denn nur durch den Heiligen Geist wird das Opfer des Sohnes hinreichend verstanden, in dessen Nachvollzug die Seele zum Vater geführt wird.

Die sieben Zeichentaten Christi und der werdende Mensch

Die Zeichentaten in ihrer Beziehung zur Kulturentwicklung

Das erste Zeichen ist rückbezogen auf die erste Kulturepoche[181] nach der atlantischen Flutkatastrophe (Sintflut), die nur noch im Mythos lebt. Ich nenne sie mit Rudolf Steiner die «uralt-indische Zeit», in der die Menschen in ihrem Bewusstsein noch himmlisch orientiert waren. Um sie irdisch zu orientieren, und Interesse am physischen Leib zu entwickeln, erfand Noah den Wein: Alkohol wirkt vernebelnd in Bezug auf die Wahrnehmung der Geistwelt. Das Einheitsbewusstsein geht allmählich verloren. Christus impulsiert mit seiner ersten Zeichentat die Umkehrung dieser Entwicklung. Des Menschen Seele möge sich der Geistwelt wieder öffnen.

Die uralt-indische Kultur wurde von der «uralt-persischen» abgelöst. Das Bewusstsein des Menschen ist nun vom Dualismus von Licht und Finsternis geprägt. Er wurde Ackerbauer. Auf die Lebenskräfte richtete sich der persische Kulturimpuls.

Die zweite Zeichentat Christi ist eine Erinnerung an diese Zeit. Die Heilkraft wirkt harmonisierend auf die Lebenskraft des Körpers. Bedingung ist der Glaube des Vaters.

Dass die Wirkung auf der ätherischen Seinsebene erfolgt, zeigt die Überwindung von Raum und Zeit: Es handelt sich um eine Fernheilung, das bedeutet: Christus ist als Heilender gleichzeitig an zwei Orten.[182]

Die dritte Zeichentat erinnert an die ägyptische Kulturepoche (ca. 3013 bis 853) schon durch den indirekten Hinweis auf die achtunddreißigjährige Wüstenwanderung, die durch den Bericht des Moses (13. Jh. v. Chr.) im Volk noch lebendig war.[183] Der damalige Kulturimpuls betraf vor allem die Seele in der Ausbildung des Gefühls für Schuld und Sühne.

Christus wirkt lösend auf die Seele des Gelähmten. Der Kranke muss aber mitwirken und nicht nur gehen, sondern auch sein Bett tragen. Seine Seele bedarf der Reinigung. Darum die Mahnung: «Sündige nicht mehr.»

Zur Zeitenwende entfaltet sich die vierte Kultur nach der atlantischen Flutkatastrophe: die griechisch-römische Kultur – von der Gründung Roms (Mitte 8. Jh. v. Chr.) bis ins erste Jahrzehnt des 15. Jahrhunderts. Ausgebildet wurde im Besonderen die denkende Ich-Persönlichkeit. Ein Ich haben aber alle Menschen. Alle Menschen haben ein Recht auf Ausbildung ihrer Persönlichkeit auf Erden. Dazu bedürfen sie des täglichen Brotes. Der Christus zeigt: Brot ist für alle da. Jeder bekommt so viel er für seine Persönlichkeit braucht. Es sind wirklich alle satt geworden. Das beweist, dass aus allen zwölf Tierkreisregionen noch Brot übrig blieb; und mehr als ausgeteilt wurde. Das Ich kann aus seiner Beziehung zum Christus-Ich produktiv werden.

Christus hat nur ausgeteilt: Eingesammelt wurde, was die Menschen übrig ließen. Christus hat das Brot vermehrt: fünf für fünftausend; aber die fünftausend haben auch vermehrt: von fünf auf zwölf. Die Menschen werden Teilhaber am Mysterium der Brotvermehrung und können sich von sich aus auf die Suche begeben nach dem höheren Ich.

Vorausgeahnt hat das Mysterium der Brotvermehrung schon Heraklit, indem er formulierte: «Der Seele ist der Logos eigen, der sich selbst mehrt.»[184] Johannes wird das Fragment gekannt haben.

Das fünfte Zeichen ist für die Gegenwart das Wichtigste. Es ist prophetisch bezogen auf die fünfte Kulturepoche, die im ersten Jahrzehnt des fünfzehnten Jahrhunderts begonnen hat und bis etwa 3570 dauern wird. Der Mensch entwickelt in dieser Epoche aus der Bewusstseinsseele den Geist als Selbst. Im entwickelten «Geistselbst» vermag das Ich den auf ätherischer Seinsebene wiederkehrenden Christus zu schauen. Paulus hat sich in dieser Hinsicht als geistige Frühgeburt bezeichnet. Den Jüngern wurde das Erlebnis bereits – als Vorblick – in jener Sturmnacht auf dem See zuteil.

Die neue Schau setzt die Reinigung voraus, auf die im dritten Zeichen das «sündige nicht mehr» bezogen ist. Entsprechend lebt auch in der fünften Kulturepoche die ägyptisch-jüdische Seelenbildung des dritten Zeitraums auf höherer Stufe wieder auf. Das Mysterium des Bösen will erkannt sein.

Im sechsten und siebenten Zeichen leuchtet ferne Zukunft. Durch das sechste Zeichen sollen sich die «Werke Gottes» zeigen; durch das siebente Zeichen soll Gott verherrlicht werden: Die «Krankheit» des Lazarus und sein zweimaliges Überschreiten der Todesschwelle ist «zum Ruhme Gottes».

In der sechsten Kultur wird die zweite Kultur aufgehoben. Aus dem wahren Licht Christi, dem «Licht des Lebens», wird sich der Impuls der Liebe in den Taten der Menschen spiegeln. Aus dem «Geistselbst» wird sich der «Lebensgeist» gestalten: Christus-Kultur. Darauf deutet die Heilung des Blindgeborenen. Sein Sehen ist Erkennen von Gut und Böse – im Licht des Herrn, der den finstren Angra Mainyu überwunden hat: «Ich habe diese Welt besiegt.»

Sowohl beim zweiten als auch beim sechsten Zeichen ist der wahre Glaube gefragt. Bei der Heilung des fieberkranken Knaben ist es der Glaube des Vaters an die Heilkraft des Wortes. Bei der Heilung des Blindgeborenen ist es der Glaube an den Menschensohn. Daran wird die «Aufhebung» deutlich. Die Wiederholung ist eine Steigerung.

Ging es in der ersten Kultur um das Ergreifen des physischen Leibes, so wird in der siebenten Kultur die geistige Form des physischen Leibes das Evolutionsziel bilden. Damit kehrt die uralt-indische Kultur auf einer höheren Stufe wieder. Darauf deutet das siebente Zeichen: Die Auferweckung des Lazarus durch den im Logos belebten Geistkeim des physischen Leibes. Denn das christliche Mysterium betrifft in seiner tiefsten Dimension nicht die Rettung der Seele, sondern die Rettung des Ich-bin im Leibe.

Die Zeichentaten und der wahre Mensch

Das Johannesevangelium ist ein einziger großer Weckruf zur Geburt des wahren Menschen in seinen sieben Wesensgliedern.

Das Wasser bei der ersten Zeichentat belebt die Physis. Es bedarf der Mitwirkung der Mutter. Die unmittelbare Wirkung Christi geht auf das Wasser und nur über das Wasser auf die beteiligten Menschen.

Die Fernheilung des Knaben zu Kafarnaum zeigt die Wirkensmacht Christi auf den Lebensleib, vermittelt durch die Glaubenskraft des Vaters. Der Wille des fieberkranken Sohnes bleibt unberührt. – In physischem Leib und Lebensleib wirken noch stark die Kräfte der Vererbung. Aber an die Stelle der Blutsgemeinschaft tritt durch Christi Wirken die Geistgemeinschaft.

Der Gelähmte am Teich Bethesda wird von Christus angesprochen. Die Wirkung auf die Seele setzt deren Willenskraft voraus. Der Wille ist auf das Ich im Leibe gerichtet – er will gesund werden und erfährt dabei die Notwendigkeit der seelischen Umwendung: Heilung bedeutet Tugendübung.

Das vierte Zeichen zeigt die Wirkung vom Ich zum Ich: das reine Verschenken. Die Zahl Fünftausend ist absolut zu denken und damit unbegrenzt. Gemeint sind alle Menschen: ein Brot für Tausend – das Leben für den vollkommenen Menschen. Von Sünde ist nicht mehr die Rede. Das Brot wird vermehrt: durch die Logoskraft in den Seelen der Menschen. Der Mensch wird zum Mitschöpfer. Das ist die Zeitenwende für jedes einzelne Ich: Es wird.

Die letzten drei Zeichentaten eröffnen einen Ausblick auf die Dreiheit des höheren Menschen, die noch nicht ist, aber – im Sinne des Johannes – doch schon ist, weil repräsentiert durch die göttliche Trinität: den Geist, den Sohn, den Vater.

Bei der fünften Zeichentat wirkt der Christus im Sinne des Geistes: als Helfer der in Seenot geratenen Jünger. Die Jünger sind mit dem Herrn so verbunden, dass sie ihn als Herrn der Elemente schauen mit der Kraft ihrer *Imagination*. Christus führt ihre Seelen ans «andere Ufer».

Das sechste Zeichen hat eine Entsprechung im platonischen Höhlengleichnis. Es wird betont, dass der Blinde die Erdenwelt von Geburt an nicht sieht, wie die anderen Menschen die Geistwelt von Geburt an nicht sehen. Dass es sich – wie bei Platon – um eine Umkehrung handelt, zeigt die Folge des neuen Sehens: Der ehemals Blinde sagt nicht: Wie schön ist die Natur, sondern er erweist sich den Pharisäern und Schriftgelehrten auf der Erkenntnisebene als überlegen: aus dem wahren Leben heraus, das in ihn eingezogen ist: als geistiges Licht. Insofern er am Ende den Gott im Menschen erkennt, ist er *erleuchtet.* Er ist ja auch im Johannesevangelium der Einzige, der das Ich-bin in seiner großen Form als «Ich bin wirklich» (Egó eimi) ausspricht. Das deutet darauf hin, dass ihn die Kraft des Logos bis in den Lebensleib ergriffen hat.

Beim siebenten Zeichen, der Erweckung des Lazarus, wird die geistige Physis berührt. Da genügen die Kräfte des Sohnes nicht. Es ist die Kraft des Vaters, die durch den Sohn wirkt: Die Auferstehungskraft des Sohnes wirkt *nach* dem Dankgebet an den Vater. Aus dem physischen Leib wird anfänglich der Geistesmensch erweckt. Der Erweckte ist eins mit dem Erwecker. Im Mittelalter nannte man diese Stufe *unio mystica*.

Bei allen sieben Zeichentaten geht es um das wahre Leben, zu dem der sterbliche Mensch erwachen möge. Als Weg wirkt Christus in Einheit mit dem Geist. Als Wahrheit wirkt Christus in Einheit mit dem Vater. Das Leben ist er selbst in seinem uranfänglichen Wesen.

Die sieben Ich-bin-Worte

Auch die sieben Ich-bin-Worte sagen – differenziert in Beziehung auf das Wesen des Menschen – im Grunde nur das Eine: Ich bin das wahre Leben.

Das Johannesevangelium ist das Evangelium des Ich, das sterblich ist, aber durch das wahre Ich-bin zur Unsterblichkeit geführt wird. Die betonte Form des Ich bin – egó eimi – wird im Johannesevangelium von Jesus Christus 26-mal gebraucht,[185] davon siebenmal in Verbindung mit einem zeichenkräftigen Bild.[186] Auch diese sieben Ich-bin-Worte bezeichnen das Wesen des Menschen, so dass der Meditierende sich in ihnen selbst erkennt. «Das Wort ward Fleisch», das bedeutet: Jesus von Nazareth starb als der wahre Mensch. Pilatus hat die Wahrheit getroffen mit seinem Wort: «Ecce homo.» Wer den Menschen sieht, sieht sich selbst.

Das Brot ist die Grundnahrung des Menschen in seinem physischen Dasein auf Erden. Ich bin dieses Brot, sagt der Christus. Das heißt: Der Logos hat sich inkarniert bis in das Fleisch und in die Knochen. Aber er ist nicht nur das Brot: Er ist das Brot des Lebens. Der physische Körper wird im Tode abgelegt. Aber wer in Christo stirbt, wird leben. Das ist die Botschaft des Johannesevangeliums in Bezug auf den Leib: *«Ich bin das Brot des Lebens.»* Er gibt es nicht nur; er ist auch selbst die Gabe: das Leben.

«Das Leben aber war das Licht der Menschen.» Der Raumesleib ist dunkel; aber der Lebens- oder Zeitenleib ist licht, gebildet aus ätherischer Substanz. Die Gegenstände bedürfen des Lichtes, um gesehen zu werden. Das Leben ist selbstleuchtend. «Wer mir nachfolgt, wird nicht im Finstern wandeln; er hat das Licht des

Lebens.» Mit Blick auf den Weltenäther, aus dem das Menschen-Ich seine Lebenshülle bildet, sagt der Christus: «*Ich bin das Licht der Welt.*» Der Christus ist das Licht der Welt auch nach dem Tode, wenn die Seele, die in Christo stirbt, das Licht als das wahre Leben erfährt.

Mit seiner Seele hängt der Mensch im vergänglichen Leben; aber ursprünglich wurzelt die Seele in der Geistwelt. Christus ist die Tür zum geistigen Ursprungsbereich der Seele, weil er sich mit beiden Welten ganz verbunden hat. So ist der Satz nach zwei Seiten zu verstehen, in Bezug auf Eingang und Ausgang: «*Ich bin die Tür.*» Wer das Wort vernimmt, fühlt die Aufforderung zum Überschreiten der Schwelle. Der Seelengeleiter ist der Erzengel Michael.[187] Die Tür ist Christus.

Christus ist der wahre Mensch und zugleich der wahre Gott. Darum ist das Menschen-Ich in seiner Hut: «*Ich bin der gute Hirte.*» Er ist als das wahre Ich-bin der gute Hirte für jedes Ich-bin. Wenn das Ich vor der Tür steht, macht es die Erfahrung, dass der Christus nicht nur die Tür ist, sondern zugleich auch – als der gute Hirte – der Hüter der Schwelle. Jenseits der Schwelle ist er dann der Weltenrichter.

Der Geist des Menschen ist erst anfänglich entwickelt. Die Seele bedarf der Auferstehungskraft Christi auch im Seelenleben: «*Ich bin die Auferstehung und das Leben.*» In Christus wird die Seele auch geistig leben – in Selbstgeistigkeit. So macht sie sich bereit für die Sendung des Heiligen Geistes. Nur mit den Gaben des Geistes kann die Seele vor dem Weltenrichter bestehen.

Der Sohn ist das Leben selbst. Er ist auch der Weg zum wahren Leben und zugleich das Ziel: die Wahrheit. Als Weg führt er die Seele zum Vater. Dabei lebt sie auf: in Christus, der als das wahre Leben auch den anfänglichen Lebensgeist des Menschen repräsentiert. So kann er sagen: *«Ich bin der Weg, die Wahrheit und das Leben.»* Es ist die Antwort an Thomas auf dessen Frage nach dem Weg.

Niemand kommt zum Vater außer durch den Sohn. Der erste und letzte Urgrund irdischen Seins ist der Vater. Im väterlichen Urgrund wurzelt der Weinstock, an dem wir Menschen die Reben sind. Die Reben sind auch etwas für sich, aber ohne Weinstock nicht denkbar. Der Christus-Logos ist das große Ich-bin, das alle kleinen Ich-bin-Wesen belebend umfasst und zum Vater zurückführt. Die geistig-seelisch-leibliche Einheit von Mensch und Gott, die sein wird und im Sinne des Johannes «schon ist», kann nicht schöner zum Ausdruck gebracht werden: *«Ich bin der Weinstock, ihr seid meine Reben.»* So offenbart sich, wie in den sieben Zeichentaten, auch in den sieben Ich-bin-Worten der wahre Mensch in seinem siebenfältigen Wesen, aber nicht wie es irdisch erscheint, sondern aufgehoben ins wahre Leben.

Wer in Christo stirbt, erfährt im Tode das wahre Leben, «von oben». Weil aber im Sinne des Johannesevangeliums nicht nur der Tod als das Leben, sondern auch das Leben, «von unten», als Bereich des Todes erscheint, kann die Erfahrung des Lebens im wahren Glauben, auf dem Wege der Erkenntnis, *schon jetzt* erfolgen.

Die sieben Ich-bin-Worte verbinden die beiden Teile des Johannesevangeliums. Die ersten fünf werden im «Buch der Zeichen» gesprochen. Die letzten beiden gehören zur Passion und sind bezogen auf die Zukunft des Menschen, die aber immer «schon ist».

Das Johannesevangelium als Weg zur Vollendung

Blick auf Origenes

Origenes (195–254), nach Paulus und Johannes der erste große christliche Philosoph und Theologe, lebte in einer Zeit, in der die Erinnerung an den Evangelisten und Theologen Johannes zwar schon verdunkelt, aber doch noch lebendig war. Der Johanneskommentar gehört zu seinem Frühwerk.

Origenes war aus Antiochien zurückgekehrt, wo er Mammaea, die Mutter des Kaisers Alexander Severus unterrichtet hatte. Er war dreiunddreißig Jahre alt. In Alexandria hatte er sich mit den dualistischen Lehren der Gnosis auseinanderzusetzen. Das konnte er umso besser, als er selbst – im Sinne des Paulus – ein Gnostiker war, der – gegen Irenaeus (gestorben um 200) und Tertullian (um 160 – um 220) – Präexistenz und Reinkarnation der Geistseele vertrat.

Den reichen Gnostiker Ambrosius, der an Valentinus orientiert war, überzeugte er mit seiner spirituellen Bibelinterpretation (secundum spiritalem sensum). Ambrosius förderte ihn, gab ihm Schreiber und auch den Auftrag, das Johannesevangelium zu kommentieren.[188] Mehrfach wird er direkt angesprochen als «heiliger Bruder» oder als «Mann Gottes und Mann Christi, der sich bemüht, ein Mann des Geistes zu sein».[189]

Origenes beginnt seinen Johanneskommentar überraschenderweise mit einem Blick auf die Apokalypse und die christliche Gemeinschaft. Er hat – mit Paulus – erkannt, dass Christus sich nicht nur an Einzelne wendet, sondern an die geistige Gemeinschaft der Christen, die in der Apokalypse den Namen der zwölf Stämme Israels trägt und deren Zahl mit 144 000 angegeben ist. Kriterium der Zugehörigkeit ist nicht die leibliche Abstammung von den Urvätern, sondern die aufrichtige Bemühung um Christusverständnis nach dem Beispiel des Ambrosius und dem Vorbild des Paulus, der – wie Johannes und die 144 000 – als jungfräulich angesehen wird. Die Geschlechtertrennung ist in der «Neuen Stadt» aufgehoben. Die Vollendeten tragen das Siegel des Lammes auf der Stirn. Christus führt sie zum Vater, aber Christusverständnis wird durch den Geist eröffnet: als Liebe zur Weisheit. Denn Christus ist die Weisheit, die nur durch die geistige Kraft der Liebe erkannt wird.

Origenes bezeichnet das Evangelium als den Keim zu allen Schriften. Eine Schrift, die nicht im Evangelium urständet, wird demnach keinen Bestand haben. Johannes im Besonderen schreibt nicht nur vom Wort oder über das Wort: Sein Wort ist das Wort, aus dem alles ist. Darum ist das Johannesevangelium der Maßstab für alle Bücher, die von Menschen geschrieben werden.

Bei Büchern, die geistig überleben werden, ist der Anfang von besonderer Bedeutung. Denn im Anfang ist – auf der spirituellen Ebene der Betrachtung – das Ende immer schon vorgegeben. Das muss nicht immer so auffällig und direkt sein wie im Johanneskommentar des Origenes. Auffällig und von entscheidender Bedeutung ist jedenfalls der jeweilige Anfang der vier Evangelien.

Origenes bemerkt, dass Matthäus und Lukas Wert auf

die Genealogie legen und betont: Das Johannesevangelium «beginnt mit Ihm, der keine hat». Er, der keine Genealogie hat, ist der Logos, der sich bei der Taufe im Jordan inkarniert – der ewige Logos. Und auch Markus «wusste genau, worum es sich handelt, wenn er schreibt: ‹Anfang des Evangeliums› – dessen Ende wir zweifelsohne bei Johannes finden: das Wort, das am Anfang war, das göttliche Wort», das drei Jahre als Mensch auf Erden lebte. Denn das Ende wird zum Anfang, weshalb Origenes hervorhebt: «Niemand hat die Göttlichkeit (des Wortes) deutlicher zum Ausdruck gebracht als Johannes, wenn er ihn sagen lässt: Ich bin das Licht der Welt, Ich bin der Weg, die Wahrheit und das Leben, Ich bin die Auferstehung, Ich bin die Tür, Ich bin der gute Hirte.» Das ist nun wieder überraschend. Denn man wird ihm kaum unterstellen dürfen, er habe Brot und Wein – das erste und das siebente Ich-bin-Wort – vergessen; zumal er sie auch in einem späteren Kapitel unter den Aspekten und Gaben des Guten in Christus weglässt.[190]

Origenes hat das Evangelium sehr genau gelesen. Von der Einsetzung des Abendmahls berichtet Johannes nicht, wohl aber von der Fußwaschung, die von Matthäus, Markus und Lukas nicht erwähnt wird. Origenes hebt also ganz im Sinne des Johannes die fünf Ich-bin-Worte hervor. Seine Größe und sein Scharfblick zeigen sich nun darin, dass er Brot und Wein zwar weglässt, aber darum keineswegs übergeht: Er bringt an ihrer Stelle das Wort aus der Apokalypse: «Ich bin der Erste, und ich bin der Letzte», in dem das erste und das letzte der Ich-bin-Worte enthalten ist.

Kriterium des Verstehens ist für Origenes die Identifikation. Sie ist durch Christus vorgegeben: «Ich und der

Vater / sind eins» (Jo 10, 30). Zu seinen Jüngern spricht er: «Was ihr für den Geringsten meiner Brüder getan habt, das habt ihr mir getan.» Und zu Paulus: «Ich bin Jesus, den du verfolgst.» Paulus verfolgte die Christen, aber in den Christen den Christus Jesus, der sich mit seinen Schülern identifiziert.

In diesem Sinne schreibt Origenes: «Den Sinn des Johannesevangeliums kann nicht verstehen, wer nicht an der Brust des Herrn gelegen und von Jesus Maria zur Mutter erhalten hat.»[191] Das bedeutet: Der Leser, der verstehen will, muss zu Johannes werden.[192] Dabei ist zu beachten: Johannes ist nicht *auch* ein Sohn der Maria; denn die Jungfrau hat nur einen Sohn. Das Wort vom Kreuz ist so zu verstehen, als hätte er gesagt: «Siehe, Jesus, den du geboren hast.» Denn wer zur Vollendung kommt, lebt nicht mehr, vielmehr lebt Christus in ihm; und weil Christus in Johannes lebt, sagt er zur Mutter: Siehe, dein Sohn, der Christus. Johannes ist also nicht der Bruder Christi, sondern Christus selber.[193] In diesem Sinne ruft auch Meister Eckhart – in der Nachfolge des Origenes – allen Gottsuchern zu: «Wollt ihr Gott erkennen, so müsst ihr dem Sohne nicht allein gleich sein, sondern ihr müsst der Sohn selber sein.»[194]

Christus lebt in Johannes, wie er in Paulus lebt. Sohn der Maria ist Johannes aber nur auf der geistigen Ebene; das bedeutet: Maria ist Sophia, weil der Christus auch in ihr lebt: er, der die Weisheit *ist*. Insofern kann man auch sagen: Maria ist Mutter Jesu als Tochter der Weisheit. Und so ist es immer wieder ergreifend, wenn auf Bildern des Marientodes Christus die Seele der Maria als kleines Kind trägt – wie die Madonna den Jesusknaben.

BLICK AUF ORIGENES

Abb. 26: Koimesis. Elfenbeinrelief, Konstantinopel, um 1000. Paris: Musée de Cluny (Museé national du moyen âge).

Johannes der Evangelist wurde durch seine Einweihung als Lazarus von Christus durchdrungen, und er wird unter dem Kreuz im doppelten Sinne zum Sohn der Weisheit. Darum ist sein Evangelium das Evangelium der Weisheit. Es stammt aus der Weisheit und ist die Weisheit, aus der jeder Leser schöpfen kann. Im erkennenden Durchdringen des Johannesevangeliums wird auch der Leser zu Johannes, liegt an der Brust des Herrn und steht mit Maria-Sophia unter dem Kreuz.

Das ist der Weg der Vollendung nach Origenes.

*Innere Erfahrung: Von der Fußwaschung
zur Auferstehung*

Der englische Forscher C. H. Dodd hat herausgearbeitet, dass das Johannesevangelium sich nicht – wie die drei anderen Evangelien – an christliche Gemeinden wendet, sondern an eine nicht-christliche Umwelt, wie sie damals in Ephesus gegeben war.[195] Johannes wendet sich mit seiner frohen Botschaft an alle Menschen. Darum enthält sein Evangelium keinen Bezug auf die christlichen Sakramente, deren Vollzug eine Gemeinde voraussetzt.

Das Evangelium des Johannes beginnt – wie dasjenige des Markus – nicht mit der Geburt, sondern mit der Taufe durch Johannes. Bis zur Taufe war Jesus ein Mensch unter Menschen: «Sohn des Joseph». Bei der Taufe wurde er zum Repräsentanten der Menschheit. «Das Wort ward Fleisch» bezieht sich nicht auf die Geburt in Bethlehem, sondern auf das Taufgeschehen am Jordan. Aus dem Zusammenhang, in dem der Satz steht, geht dies klar hervor.[196] Es gibt keinen Hinweis auf die beiden Geburtsgeschichten, die Matthäus und Lukas erzählen. In diesem Sinne schreibt auch Markus: «Anfang des Evangeliums.» Und bei Lukas heißt es gut überliefert: «Heute habe ich dich gezeugt.»[197]

Obwohl die Jordantaufe des Christus Jesus für Johannes von zentraler Bedeutung ist, wird der Vorgang selbst in seinem Evangelium nicht geschildert; und der Taufbefehl wird nicht erwähnt. Das fällt auf, ebenso wie die Darstellung des letzten Abendmahls – ohne dessen Einsetzung, die von den Synoptikern übereinstimmend berichtet wird.[198] Dass Johannes von der Einsetzung nichts wusste, ist auszuschließen, denn er war zeitweise anwesend und hat zumindest – wenn er es nicht miterlebt hat – davon gehört. Der Verzicht auf die Darstellung ist also Absicht. Dass er stattdessen von der Fußwaschung detailgenau berichtet, unterstreicht die allgemein-menschliche Orientierung des vierten Evangeliums.

Das Abendmahl als Sakrament setzt das christliche Bekenntnis und eine christliche Gemeinde voraus. Die Fußwaschung und der nachfolgende Weg von der Passion bis zur Auferstehung sind demgegenüber für jeden Menschen nachvollziehbar, unabhängig von christlichen Kirchen. Auch an die Auferstehung muss man nicht «glauben»: Sie wird zur inneren Erfahrung für den, der den Weg geht, wie ihn Johannes beschreibt.

Durch die allgemein-menschliche Orientierung überragt das Johannesevangelium die Darstellung der Synoptiker. Das betont Origenes in einer Betrachtung der vier Evangelisten-Symbole. Der Adler ist *über* Mensch, Kuh und Löwe gesetzt.[199]

Der Weg zur inneren Erfahrung des Logos hat in der Darstellung des Johannes sieben Stufen: Fußwaschung, Geißelung, Dornenkrönung, Kreuztragung und Kreuzigung, Geistgemeinschaft, Grablegung, Auferstehung. Dieser Weg führt zur christlichen Einweihung: zur geistigen Kommunion.[200]

Die Fußwaschung – Verehrung und Dankbarkeit

Für Johannes beginnt die Passion mit dem letzten Abendmahl. Entscheidend ist aber nicht das Mahl, sondern die Fußwaschung als Beginn des Passionsweges, der zur Auferstehung führt. Sie wird – ebenso wie die Bezeichnung des Verräters – bis in Einzelheiten berichtet, auch das Abtrocknen.

Der Herr macht sich zum Knecht. Das Waschen der Füße war damals Sklavenarbeit. Darum ist das erläuternde Wort so wichtig: «Es ist der Knecht nicht größer als sein Herr», was in den Abschiedsreden noch einmal wiederholt wird (15, 20). Das Logion ist wohl die Inspirationsquelle für Hegels dialektische Abhandlung über Herr und Knecht.[201] Der Knecht ist nicht größer als sein Herr, weil sich der Herr zum Knecht gemacht, aber seine Herrlichkeit dabei nicht verloren hat. Der Knecht *scheint* nur größer zu sein als der Herr, wenn dieser ihm dient.

Christus hat ein «neues Gebot» der Liebe erlassen. Das verkörpert Er selbst durch die Fußwaschung.[202] Einer diene dem andern, wie der andere dem einen und der Einzige der Menschheit. Der Einzige hat ein Beispiel gegeben: «Damit ihr tut, was ich an euch getan.»

Das Abendmahl hat er als Sakrament oder Kultus eingesetzt: für das Gemeindeleben, die Fußwaschung nur als Beispiel gegeben: zur Nachahmung für alle Menschen.

Die Idee der Brüderlichkeit wird bei Johannes ins Menschheitliche ausgeweitet. Christian Morgenstern hat es erfasst: «Allen Bruder sein.»[203] Er hat nach Vorträgen Rudolf Steiners im Blick auf die Fußwaschung auch das Gefühl umfassender Dankbarkeit poetisch formuliert. Das Menschen-Ich dankt dem Stein, der Pflanze, dem Tier, denn sie bilden die Grundlage der menschlichen Existenz. Sie stimmen dann in den Dank ein, weil sie nur durch den Menschen sind. Aus dem Gefühl der Dankbarkeit erwächst der Wille zum Dienen.

Die Fußwaschung bedingt eine starke Beugung, denn die Füße sind der unterste Teil am physischen Leib des Menschen. Die christliche Einweihung bezieht den physischen Leib mit ein.

Bei der Fußwaschung geht es nicht um die Reinigung. Die Reinigung wird vorausgesetzt – als «Tempelreinigung». Darum sagt Christus: «Wer sich gereinigt hat, bedarf nur noch der Fußwaschung.» In Goethes «Pädagogischer Provinz»[204] ist es die dritte Stufe der Ehrfurcht – nach der Verehrung vor dem, was über uns und um uns ist, die Verehrung vor dem, was unter uns ist: die «Aufhebung» der Natur.

> Ich schaue das Korn,
> die Grannen, den Halm:
> Ich neige mich zum Korn
> und erkenne
> mich selbst.

Geißelung – Duldsamkeit

Schon beim Verhör durch den Alt-Hohepriester Hannas erhält Christus einen Backenstreich. Der Knecht wird einer Belehrung für würdig befunden: er sollte nicht grundlos schlagen und einen vermeintlichen Grund überprüfen. Die Geißelung im Praetorium wird von Johannes nur kurz erwähnt.

> Pilatus nahm nun Jesus
> und ließ ihn geißeln.

Voraus ging die Unschuldsverkündigung: «Ich finde

keine Schuld an ihm» – und das Angebot der Freilassung.

Für das Nacherleben ist dies entscheidend: Unschuld wird gegeißelt. Christus erträgt die Geißelung stumm. Bei der Fußwaschung muss er sich noch durchsetzen; denn Petrus wehrt sich zunächst. Jetzt geht es um das Ertragen von Schmerzen, die dem Repräsentanten der Menschheit zugefügt werden: ohne jeden Grund. Pilatus findet keine Schuld an ihm: Er sagt es dreimal.

Das Bild steht auch für seelische Schmerzen und für Folter aller Art und die Ergebenheit in den göttlichen Willen. Der innere Blick auf den gegeißelten Christus kann jedem Menschen helfen, Schmerzen zu ertragen, ohne sich dagegen aufzulehnen. Der Folterknecht, der den Schmerz zufügt, hat ihn zu verantworten. Wer den Schmerz auf sich nimmt, hilft damit auch dem Peiniger.

Wenn Christus, wie Johannes der Täufer sagt, die Sünden der Welt – nicht die Sünden des Einzelnen – auf sich nimmt, ist der Meditierende auf dem Weg der Passion ansatzweise in diesen Vorgang einbezogen, der das Selbst in Christo über sich hinaus führt.

> Ich fühle den Schmerz in mir.
> Ich fühle die Not in der Wut des Schlägers.
> Der Andere gehört zu mir.
> Ich werde eins mit dem Weltgeschehen.[205]

Dornenkrönung – Standhaftigkeit

Auf die Geißelung folgt unmittelbar die Dornenkrönung:

> Soldaten flochten eine Dornenkrone
> und setzten sie ihm auf das Haupt.

Christus hat sich dem Volk gegenüber als Messias zu erkennen gegeben, indem er auf einem Eselsfüllen in die Stadt einritt. Pilatus gegenüber bestätigt er seine Königswürde. Entsprechend wird er nun als König verhöhnt:

> Sie hüllten ihn in einen Purpurmantel,
> gingen dann auf ihn zu und sagten:
> Gegrüßet seist du, König
> der Juden!
> und schlugen ihn ins Angesicht.

Und so wird er von Pilatus den Juden gezeigt: «Siehe, der Mensch.» Pilatus spricht – ohne es zu wissen – die Wahrheit.

Der Verbrecher wird begnadigt und der wahre Mensch zum Tod am Kreuz verurteilt. Das Schild, das Pilatus anbringen lässt, sagt die Wahrheit: «König der Juden». Der Hohn kann nicht größer sein: Als König hängt der Repräsentant der Menschheit am Kreuz.

Das Bild wirkt auf die Seele. Denn nicht irgendein Schiefes wird verhöhnt, sondern die Wahrheit.

Im Blick auf den dornengekrönten Christus erwächst in mir das Gefühl: das höchste Ideal lebt in mir; und insofern bin auch ich ein König. Und diese Königswürde kann mir niemand nehmen.

> Das Heilige
> in meinem Denken, Fühlen und Wollen
> ist unantastbar.

Hass, Hohn und Spott tropfen an mir herunter wie das Blut von den Dornen auf dem Haupt Christi.

Kreuztragung und Kreuzigung – Das vierte Prinzip:
Ich und der Vater

Der Weg führt zum Kreuz. Bei Johannes heißt es lapidar:

> Er selbst, er trug sein Kreuz.

Die zwölf Jünger waren alle geflohen – wie vom Christus angekündigt: «und mich lasst ihr allein.»[206] Aus dieser Stimmung schrieb Morgenstern:

> Die zur Wahrheit wandern,
> wandern allein,
> keiner kann dem andern
> Wegbruder sein.

Er trug sein Kreuz zur Schädelstätte. «Da kreuzigten sie ihn», inmitten von zwei Verbrechern.

Die Synoptiker berichten, dass Christus unter der Last des Kreuzes zusammenbrach und Simon von Kyrene ihm helfen musste. Johannes erwähnt die Szene nicht. Er sieht nur den Christus und sein Kreuz.

Das Bild sagt: Jeder Einzelne trage sein Kreuz. Das Ich fühlt sich angeheftet an das Knochensystem. Am Knochensystem erwacht es irdisch zu sich selbst: als das vierte Prinzip. Die Form in der Physis bleibt erhalten: «Kein Bein sollt ihr ihm brechen.»

Der Gekreuzigte ist Gott als Mensch in der Quadratur.

Die Kreuzigung wird als Geburt des höheren Ich erfahren. Von da an wird alles anders; alles wird neu bewertet – sub specie aeternitatis.

> Ich fühle mein Kreuz.
> Ich bejahe mein Schicksal.
> Ich erlebe die Einsamkeit.

Ich erkenne: Auch auf der Erde ist nur der Geist wirklich. Dennoch bleibe ich ihr verbunden. Auch bei mir ist der Vater.

Geistgemeinschaft – Die Mutter und der Sohn der Weisheit

Johannes spricht von der Erhöhung des Menschensohnes. Am Kreuz hängend ist er auch physisch erhöht: zwischen Erde und Himmel.

Bei Johannes – und nur bei ihm – ist die fünfte Stufe ein Akt höherer Selbsterkenntnis im Blick auf die Mutter und den geliebten Jünger.

> Als Jesus
> die Mutter sah und neben ihr
> den Jünger, den er liebte,
> sprach er zur Mutter: Frau,
> siehe dein Sohn!
> Dann sagte er
> zum Jünger: Siehe, deine Mutter!
> Zur Stunde
> nahm sie der Jünger zu sich.

Innere Erfahrung: Von der Fusswaschung zur Auferstehung

Gleiches erkennt Gleiches. Der Christus blickt vom Kreuze herab und erkennt sich sowohl in der Mutter als auch in Johannes. Beide sind von Christus innerlich erfüllt. Er selbst ist das geistige Band, das beide verbindet. Vom Kreuz herab, sterbend, stiftet er Geistgemeinschaft.

Menschenkundlich gesehen handelt es sich um die Verwandlung der seelischen Selbstheit in Selbstgeistigkeit. Die Seele umgibt sich im Geistbereich auf einer ersten Stufe mit einem Geistleib. Im Nacherleben wird der Meditierende – im Sinne von Origenes und Meister Eckhart – zu Johannes, der aufblickt und sich in Christus selbst erkennt. Das ist die höhere Ichgeburt als Geistselbst.

Gleiches erkennt Gleiches: Der Satz gilt auch für das Nacherleben. Ich sehe das Kreuz, und ich sehe die Mutter. Ich bin.

Die Mutter wird im Johannesevangelium zweimal genannt und beide Male ohne Namen. Maria ist wohl, nach Lukas, ihr irdischer Name, aber ihre Seele ist vom Christusgeist erfüllt. Damit wird sie zu Sophia. Das ist unter dem Kreuz ihr wahrer Name. Das bedeutet: Johannes wird zum Sohn der Weisheit – und entsprechend der Meditierende. Als Sohn der Weisheit erlebt er die höhere Ichgeburt in Geistgemeinschaft.

Ich erkenne mich selbst im Sohn der Weisheit.
Meine Seele ist seine Mutter.
Die Weisheit der Welt wird zur Weisheit meines Ich.

Die fünfte Stufe der Einweihung war vor der Zeitenwende immer eine Hadesfahrt. Auch Christus stieg – noch am Kreuz – hinunter ins Reich der Toten. Aber Johannes berichtet davon nicht. Im Evangelium des

Lukas spricht Christus zum glaubenden Schächer: «Heute wirst du mit mir im Paradiese sein.» Der Schächer hatte eine wirkliche Selbsterkenntnis. Johannes berichtet von seiner eigenen höheren Selbsterkenntnis in Christus-Sophia.

Für den Christus folgt der Abstieg im Tod: «Da neigte er sein Haupt / und übergab den Geist.» Für den Meditierenden der Passion in der Darstellung aller vier Evangelisten bedeutet die Hadesfahrt: Schweigen. In der Nacht der Seele tiefstem Schweigen erfolgt der Blick auf das Grab.

Grablegung – Der Tod wird zum Lebensgeist

Aufgrund einer Ausnahmegenehmigung von Pilatus konnten Joseph von Arimathia und Nikodemus den Leichnam Christi vom Kreuz nehmen und zu Grabe tragen. Das Grab hatte Joseph von Arimathia für sich selbst bestimmt. Johannes betont, dass es eine neue Gruft war: «Noch nie ward jemand dort hinein gelegt.»

In dieses Grab legten sie Jesus.

Im Nacherleben der sechsten Stufe der Johannes-Passion wird die Seele eins mit der ganzen Erde. Da begegnet sie dem Christus als dem Geist dieser Erde. Er gibt ihr und allen Toten neues Leben: die große Wandlung.

Die Seelen erhalten auch in ihrem Lebensorganismus einen Geistleib: das Leben Christi; denn Christus ist das wahre Leben. Rudolf Steiner spricht vom «Lebensgeist». Dieser Geistleib ist die eigentliche Wohnstatt Christi. Auch Herder sprach in seinen Predigten von

Christus als dem Lebensgeist.[207] Der allgemeine Lebensgeist wird im einzelnen Menschen zum besonderen Lebensgeist, in dem die Seele in der Geistwelt sichtbar wird. Darum sagt Christus:

> Ihr aber seht mich, denn
> ich lebe, und auch ihr,
> ihr werdet leben.

Ich erlebe: mein Körper wird mir zum Gegenstand, von dem ich im Erkennen nicht mehr abhängig bin. Ich lebe: Der Christus lebt in mir.

Nicht nur über die Höllenfahrt am Kreuz: auch über das Geschehen am Karsamstag schweigen alle vier Evangelisten. Die siebente Stufe eröffnet der Ostermorgen.

Auferstehung – Der Geist unter Geistern

Der erste Mensch, der den Auferstandenen schauen darf, ist Maria Magdalena. Sie erkennt ihn erst, als sie von ihm – mit ihrem Namen – angesprochen wird. Sie darf ihn aber nicht berühren:

> Noch bin ich aufgefahren nicht
> zum Vater!

Christus sprach zu Nikodemus:

> Niemand stieg auf zum Himmel,
> wenn nicht der aus dem Himmel
> herniederstieg.

Die Inkarnation ist die Voraussetzung zur Auferstehung. Nachfolgend können Menschen daran teilhaben. Paulus hat die Teilhabe als geistige Abstammung gedeutet. Johannes hat mit Maria Magdalena, Petrus, Thomas und anderen Jüngern den Auferstandenen – vor der Himmelfahrt – *gesehen*. Thomas durfte ihn auch berühren, wurde aber belehrt: «Selig, wer nicht sieht / und doch glaubt.» Inkarnation, Tod und Auferstehung sind denkbar aus der Kraft des Glaubens.

Novalis hat die Dialektik von Abstieg und Aufstieg zusammengefasst:

> Der dunkle Weg, den er betrat,
> führt in den Himmel aus.[208]

Der Auferstandene bringt den Jüngern den Frieden. Christus begabt sie mit dem Heiligen Geist, der Kraft des Verzeihens und dem Leben im Glauben. Ohne die Kraft des Glaubens gibt es im Sinne des Johannesevangeliums keine Vereinigung mit dem Christus als dem wahren Leben. Johannes selbst erhält auf der siebenten Stufe die geistige Grundlage für das «Bleiben» bis zur Wiederkehr Christi. Damit repräsentiert er die Auferstehung bis in die physische Leiblichkeit, die sich aus dem Grab auf Golgatha als Geistesmensch erhob: Johannes und Petrus sahen nur noch die Tücher. Johannes und Petrus erhalten vom Auferstandenen ihre besondere Aufgabe: Petrus repräsentiert den exoterischen, Johannes den esoterischen Weg zu Christus bis zur Wiederkehr «in den Wolken». Petrus führt die Kirche und Johannes schreibt sein Evangelium als Weg der inneren Erfahrung.

Die Auferstehung ist der Beginn vom Ende der

Menschheitsentwicklung. Es wird sein «und ist schon jetzt». Das Auferstehungsleben hat begonnen: die große Kommunion.

Im Nacherleben des Anfangs finde ich Frieden im Ich, Geisterkenntnis in der Seele, die Kraft des Verzeihens in der Lebensorganisation und den Glauben an das werdende Leben des Ich-bin auch im geistigen physischen Leib.

Von der Himmelfahrt berichtet Johannes nicht. Das Bild der Auferstehung kann aber übergehen in das Bild der Himmelfahrt, wie auf jenem berühmten Elfenbein im Bayerischen Nationalmuseum.

Das Bild sagt: Mit der Auferstehung ist Christus zugleich im Himmel. Was geschieht also nach den vierzig Tagen? Nicht die Himmelfahrt, denn im Himmel ist der Christus schon. In der «Himmelfahrt» entzieht sich der Auferstandene dem Schauen der Seinen. Dieser Entzug ist die Voraussetzung für die Sendung des Geistes zu Pfingsten, die wiederum die Voraussetzung ist zum Verstehen des Johannesevangeliums:

> Der Paraklet jedoch,
> der Heilige Geist,
> den senden wird der Vater
> in meinem Namen,
> der wird euch alles lehren, alles
> erinnern,
> was ich zu euch gesprochen habe.

Die Erinnerung durch den Heiligen Geist ist mehr als die Pflege der Überlieferung. Die Worte werden in der Meditation nach innen genommen. Die Meditation des Johannesevangeliums führt zur Auferstehung des Wortes im Ich.

Abb. 27: Die Frauen am Grabe, Auferstehung und Himmelfahrt. Reidersche Tafel. Elfenbein, wohl oberitalienisch, um 400, 18, 7 x 11, 6 cm. München: Bayerisches Nationalmuseum.

Erziehung des Denkens

Das Johannesevangelium wendet sich im Ganzen an das Denken und seinen Ursprung im Wort. Es ist das Evangelium der Geist-Erkenntnis.[209] Die Bilder der Passion setzen die Reinigung (Tempelreinigung) und das denkende Erfassen der sieben Zeichentaten voraus. Sie wecken zunächst Gefühle und entsprechende Tugenden. Das gilt vor allem für die ersten drei Stufen. Die Gefühle der Verehrung und der Dankbarkeit, wie auch die Tugenden der Duldsamkeit und der Standhaftigkeit sind aber auch für die Erziehung des Denkens auf dem Erkenntnisweg von grundlegender Bedeutung.

Das Bild der Fußwaschung zeigt mir meine physische Natur als den Grund meines irdischen Daseins. Dabei wird das Denken zur Sachlichkeit erzogen.

Im Blick auf die Geißelung erlebe ich mein Denken als Kraft.

Das Bild der Dornenkrönung stärkt die Seele und verleiht dem Denken Sicherheit im Urteil.

In der Kreuztragung erwacht das Ich als selbstständige geistige Wesenheit. Mein Denken erlebe ich unabhängig vom Leibe. Ich denke: Ich bin.

Unter dem Kreuz stehend blickt das Ich auf sein höheres Ich. Im Denken lerne ich Bilder für geistige Tatbestände zu entwerfen.

Die Meditation der Grablegung macht das Denken inspirationsfähig. Dazu nimmt es sich ganz zurück. Ich erlebe mein Denken als reine Kraft der Hingabe.

Das Bild der Auferstehung führt zum Denken aus der Kraft des Logos. Ich denke: Der Christus denkt in mir.

Das Johannesevangelium als Weg zur Vollendung

Warum nur Lazarus das Johannesevangelium geschrieben haben kann

Der Weg zur Vollendung, den das Johannesevangelium beschreibt, kann nur einen Verfasser haben, der den Weg kennt. Das Johannesevangelium ist ein Erfahrungsbericht. Lazarus kennt den Weg.

Johannes-Lazarus kann von Tod und Auferstehung Christi so herzergreifend künden, nicht nur, weil er mit Maria unter dem Kreuz stand, sondern weil er als Lazarus selbst vom Tode erweckt wurde. Er hat im Tode die Auferstehungskraft Christi am eigenen Leib erfahren. Der Logos, der im Anfang war und Gott war, hat ihn so durchdrungen, dass er zum ersten Christen wurde, weil er, wie Origenes sagt, Christus wurde. Entscheidend ist die Identifikation, das Einssein.

Die Mystiker aller Zeiten haben die drei Stufen unterschieden: Reinigung, Erleuchtung, Einung. Von der Einung ist im Johannesevangelium auffallend oft die Rede. «Ich und der Vater sind eins.» Diesen Satz kann rechtmäßig nur niederschreiben, der sagen kann: Ich und der Christus sind eins. Das kann Petrus nicht. Johannes, der Sohn des Zebedäus, noch weniger. Nur Lazarus kann von der Einheit und dem Einssein schreiben, weil er die Einheit erfahren hat: in der Initiation durch Christus.[210]

Darum stehen auch nur im Johannesevangelium die sieben Ich-bin-Worte. Christus vergleicht sich nicht mit dem Brot des Lebens: Er ist es. Das gleiche gilt vom Licht der Welt, von der Tür, dem guten Hirten, von Auferstehung und Leben, von Weg, Wahrheit und Leben und vom wahren Weinstock.

Die Einung wird durch Liebe bewirkt. Christus liebt Lazarus. Darum ist das Johannesevangelium das Evangelium der Liebe. Liebe ist die Substanz der Frohen Botschaft des Johannes-Lazarus. In ihr wird der heilige Geist spürbar, den Christus mit dem Vater gesandt hat, der Tröster. Darum wird es auch das Evangelium des Geistes genannt; und sein Zeichen ist der Adler.

Im Nachvollzug kam auch Novalis zum Erleben der Einung. Er sagte aus Erfahrung, dass Christus den Tod nur überwinden konnte, indem er zum Tode ward: «Du bist der Tod und machst uns erst gesund.»

Der heilige Johannes. Evangeliar aus Lobbes, Lothringen, Anfang 10. Jh., London: British Museum.

2. Teil:
Die Briefe des Johannes

Der erste Brief des Johannes

An christliche Gemeinden im Umkreis von Ephesus

I

Prolog

1 Was im Anfang war, was wir gehört und mit unseren Augen gesehen haben, was wir betrachtet und mit unseren Händen berührt haben, verkünden wir: das Wort des Lebens.
2 Das Leben ist offenbar geworden. Wir haben gesehen, bezeugen und verkünden euch das ewige Leben, das beim Vater war und uns offenbart wurde.
3 Was wir gesehen und gehört haben, verkünden wir auch euch, damit ihr mit uns Gemeinschaft habt. Unsere Gemeinschaft ist mit dem Vater und mit seinem Sohn Jesus Christus.
4 Und dies schreiben wir, damit eure und unsere Freude vollkommen sei.

Gemeinschaftsbildung im Licht

5 Das ist die Botschaft, die wir von Ihm gehört haben und die wir euch künden: Gott ist Licht, und Finsternis ist nicht in ihm.
6 Wenn wir sagen, dass wir mit Ihm Gemeinschaft haben und in der Finsternis wandeln, dann lügen wir und sprechen nicht die Wahrheit.
7 Wenn wir aber im Licht wandeln, wie Er im Licht ist, bilden wir Gemeinschaft untereinander, und das Blut Jesu, seines Sohnes, reinigt uns von aller Sünde.

8 Wenn wir sagen, dass wir keine Sünde haben, belügen wir uns selbst; und Wahrheit ist nicht in uns.

9 Wenn wir unsere Sünden bekennen, ist er treu und gerecht; er vergibt uns die Sünden und reinigt uns von aller Ungerechtigkeit.

10 Wenn wir sagen, dass wir nicht gesündigt haben, machen wir ihn zum Lügner, und sein Wort ist nicht in uns.

2

1 Meine lieben Freunde, die ihr die Gotteskindschaft erstrebt, dies schreibe ich euch, damit ihr nicht sündigt. Und wenn einer sündigt, haben wir beim Vater einen Helfer: Jesus Christus, den Gerechten.

2 Er ist die Versöhnung unserer Sünden, aber nicht allein der unseren, sondern der ganzen Welt.

3 Daran erkennen wir, dass wir ihn erkannt haben: wenn wir seine Gebote halten.

4 Wer sagt: Ich habe ihn erkannt, und hält nicht seine Gebote, der ist ein Lügner, und Wahrheit ist nicht in ihm.

5 Wer aber sein Wort bewahrt: in ihm ist die Liebe Gottes wahrhaft vollendet. Daran erkennen wir, dass wir in ihm sind.

6 Wer sagt, er bleibe in Ihm, muss leben, wie Er gelebt hat.

7 Ihr Lieben, ich schreibe euch von keinem neuen Gebot, sondern von einem alten, das im Anfang an euch ergangen ist. Das alte Gebot ist das Wort, das ihr gehört habt.

8 Und doch schreibe ich euch von einem neuen Gebot, das wahr ist in Ihm und in euch, weil die Finsternis vergeht und das wahre Licht bereits scheint.
9 Wer behauptet, im Licht zu sein, und seinen Bruder hasst, der ist noch in der Finsternis.
10 Wer seinen Bruder liebt, der bleibt im Licht; an ihm ist kein Makel.
11 Wer aber seinen Bruder hasst, ist in der Finsternis und wandelt in der Finsternis. Er weiß nicht, wohin er geht, weil die Finsternis seine Augen blind gemacht hat.

12 Ich schreibe euch, ihr Kinder Gottes, weil euch die Sünden vergeben sind um Seines Namens willen.
13 An euch, ihr Väter, schreibe ich, weil ihr den erkannt habt, der im Anfang war. An euch, ihr Jüngeren, schreibe ich, weil ihr den Bösen überwunden habt.
14 Kinder, ich habe euch geschrieben, weil ihr den Vater kennt. Euch Vätern habe ich geschrieben, weil ihr den erkannt habt, der im Anfang war. Und euch Jüngeren habe ich geschrieben, weil ihr stark seid und das Wort Gottes in euch bleibt, weil ihr den Bösen überwunden habt.

15 Liebt nicht die Welt und was in der Welt ist. Wenn jemand die Welt liebt, ist die Liebe zum Vater nicht in ihm.
16 Denn alles in der Welt, die fleischliche Begierde, die Lust der Augen und die Hoffart des Lebens sind nicht vom Vater, sondern von der Welt.
17 Und die Welt vergeht mit ihren Gelüsten. Doch wer dem Willen Gottes folgt, wird bleiben in Ewigkeit.

18 Kinder Gottes, es ist die letzte Stunde. Und wie ihr gehört habt, dass der Antichrist kommen wird, so sind jetzt viele Gegner Christi aufgetreten. Daran erkennen wir, dass die letzte Stunde gekommen ist.
19 Sie sind von uns weggegangen; aber sie gehörten nicht zu uns, denn wenn sie zu uns gehörten, wären sie bei uns geblieben. Es ist geschehen, dass offenbar werde, dass nicht alle zu uns gehören.

20 Ihr habt den Heiligen Geist empfangen von Ihm, der heiligt; und ihr alle wisst es.
21 Ich habe euch nicht geschrieben, weil ihr die Wahrheit nicht kennt, sondern weil ihr sie kennt und wisst, dass aus der Wahrheit keine Lüge kommt.
22 Wer ist ein Lügner, wenn nicht derjenige, der leugnet, dass Jesus der Christus ist? Wer den Vater und den Sohn leugnet, ist der Antichrist.
23 Wer den Sohn leugnet, hat auch keinen Zugang zum Vater. Wer den Sohn bekennt, hat auch den Vater.
24 Ihr aber: was ihr ursprünglich gehört habt, das bleibe in euch! Wenn in euch bleibt, was ihr ursprünglich gehört habt, dann bleibt ihr auch im Sohn und im Vater.
25 Und dies ist seine Verheißung an uns: das ewige Leben.
26 Das habe ich geschrieben gegen jene, die euch irre leiten wollen.
27 Doch was euch selbst betrifft: den Heiligen Geist, den ihr empfangen habt, er bleibt in euch. Ihr müsst euch nicht belehren lassen. Was immer der Heilige Geist euch lehrt ist wahr und keine Lüge. Wie der Heilige Geist euch aufklärt, so bleibt in Ihm!

28 Nun, ihr Kinder Gottes, bleibt in Ihm, damit, wenn Er erscheint, wir Vertrauen haben und nicht versagen bei seiner Ankunft!
29 Wenn ihr wisst, dass Er gerecht ist, dann erkennt ihr, dass jeder, der Gerechtigkeit übt, aus Ihm hervorgegangen ist.

3

Gotteskindschaft

1 Seht, wie groß ist die Liebe des Vaters zu uns, dass wir Kinder Gottes heißen! Und wir sind es. Darum erkennt uns die Welt nicht, weil sie Ihn nicht erkannt hat.
2 Ihr Lieben, jetzt sind wir Gottes Kinder, und noch ist nicht offenbar geworden, was wir sein werden. Wir wissen: wenn er erscheint, werden wir ihm gleich sein, weil wir ihn sehen werden, wie er ist.
3 Und jeder, der diese Hoffnung auf ihn hegt, heiligt sich, so wie Er heilig ist.

4 Wer sündigt, tut auch unrecht, denn Sünde ist Unrecht.
5 Und ihr wisst, dass Er erschienen ist, um die Sünden hinwegzunehmen, und Sünde ist nicht in ihm.
6 Wer in Ihm bleibt, sündigt nicht. Wer sündigt, hat Ihn nicht gesehen und nicht erkannt.

7 Kinder Gottes, niemand soll euch verführen! Wer die Gerechtigkeit übt, ist gerecht, wie Er gerecht ist.
8 Wer sündigt, ist vom Teufel, weil der Teufel von Anfang an sündigt. Deshalb ist der Sohn Gottes

erschienen, dass er die Werke des Teufels unschädlich macht.

9 Wer aus Gott gezeugt ist, sündigt nicht, weil der Same Gottes in ihm bleibt. Er kann nicht sündigen, insofern er aus Gott gezeugt ist.

10 Daran erkennt man die Kinder Gottes und die Kinder des Teufels. Wer nicht Gerechtigkeit übt und nicht seinen Bruder liebt, ist nicht aus Gott.

11 Denn dies ist die Botschaft, die ihr ursprünglich gehört habt, dass wir einander lieben sollen.

12 Nicht wie Kain, der aus dem Bösen war und seinen Bruder umgebracht hat. Warum hat er ihn umgebracht? Weil seine Werke böse waren, gerecht aber diejenigen seines Bruders.

13 Und wundert euch nicht, meine Brüder, wenn euch die Welt hasst.

14 Wir wissen, dass wir übergegangen sind vom Tod ins Leben, weil wir die Brüder lieben. Wer nicht liebt, bleibt im Tod.

15 Wer seinen Bruder hasst, ist ein Menschenmörder. Und ihr wisst, dass kein Menschenmörder in sich bleibendes, ewiges Leben hat.

16 Daran haben wir die Liebe erkannt, dass Er für uns sein Leben gab. Auch wir wollen für die Brüder das Leben einsetzen.

17 Wer aber Vermögen hat in dieser Welt und sieht die Not seines Bruders und verschließt sein Herz vor ihm: Wie kann die Liebe Gottes in ihm bleiben?

18 Kinder Gottes, lasst uns nicht lieben mit Wort und Zungenschlag, sondern mit Tat und Wahrheit.

19 Daran erkennen wir, dass wir aus der Wahrheit sind, und ruhiger schlägt unser Herz vor Ihm.
20 Und wenn uns das Herz auch verurteilt – Gott ist größer als unser Herz und Er weiß alles.
21 Ihr Lieben, wenn das Herz uns nicht verurteilt, dann haben wir Vertrauen zu Gott
22 und empfangen von ihm, worum wir bitten, weil wir seine Gebote halten und zu seinem Wohlgefallen handeln.

23 Und dies ist sein Gebot: Dass wir glauben an den Namen seines Sohnes Jesus Christus und uns – seinem Gebot entsprechend – untereinander lieben.
24 Und wer sein Gebot hält, bleibt in Ihm, in ihm auch Er. Und daran erkennen wir, dass Er in uns bleibt: am Geist, den er uns gesandt hat.

4

1 Geliebte Brüder, glaubt nicht jedem Geist, sondern prüft die Geister, ob sie aus Gott sind; denn es sind viele falsche Propheten in die Welt gezogen.
2 Daran erkennt ihr Gottes Geist: Jeder Geist, der bekennt, dass Jesus Christus ins Fleisch gekommen ist, der ist aus Gott.
3 Und jeder Geist, der Jesus nicht bekennt, ist nicht aus Gott; und dieser ist der Antichrist, von dessen Kommen ihr gehört habt; und jetzt ist er bereits in der Welt.

4 Ihr aber seid Gottes Kinder und habt die falschen Propheten besiegt; denn Er, der in euch wohnt, ist größer als jener in der Welt.

5 Die aus der Welt sind, reden auch aus der Welt, und die Welt hört auf sie.
6 Wir aber sind aus Gott. Wer Gott erkennt, hört auf uns. Wer nicht aus Gott ist, hört nicht auf uns. Daran erkennen wir den Geist der Wahrheit und den Geist des Irrtums.

Gemeinschaftsbildung in der Liebe

7 Liebe Freunde, lasst uns einander lieben, weil die Liebe aus Gott ist, jeder Liebende aus Gott gezeugt ist und Gott erkennt.
8 Wer Gott nicht liebt, hat Gott nicht erkannt, weil Gott die Liebe *ist*.
9 Darin ist die Liebe Gottes zu uns offenbar geworden, dass er seinen eingeborenen Sohn in die Welt gesandt hat, damit wir durch ihn leben.
10 Die Liebe zeigt sich nicht darin, dass wir Gott geliebt haben, sondern darin, dass Er uns geliebt und seinen Sohn gesandt hat zur Versöhnung unserer Sünden.
11 Liebe Freunde, wenn uns Gott so geliebt hat, sind wir es ihm schuldig, auch uns untereinander zu lieben.
12 Niemand hat Gott jemals gesehen. Wenn wir einander lieben, bleibt Gott in uns und seine Liebe ist in uns vollendet.
13 Daran erkennen wir, dass wir in ihm bleiben und er in uns, dass er uns von seinem Geist gegeben hat.
14 Und wir haben geschaut und bezeugen, dass der Vater den Sohn gesandt hat als der Welt Retter.
15 Wer bekennt, dass Jesus der Sohn Gottes ist: Gott bleibt in ihm und er in Gott.

16 Und wir haben erkannt und geglaubt der Liebe, die Gott in uns hat. Gott ist die Liebe; und wer in der Liebe bleibt, bleibt in Gott, und Gott bleibt in ihm.
17 Vollkommen ist die Liebe in uns, wenn wir Zuversicht haben am Tag des Gerichts, denn so wie Er ist, sind auch wir in der Welt. Furcht ist nicht in der Liebe.
18 Die vollkommene Liebe treibt die Furcht aus, weil die Furcht Strafe erwartet. Aber wer sich fürchtet, ist nicht vollendet in der Liebe.
19 Wir lieben, weil Er uns zuerst geliebt hat.
20 Wenn jemand sagt: «Ich liebe Gott», und seinen Bruder hasst, ist er ein Lügner. Denn wer seinen Bruder nicht liebt, den er sieht, kann Gott nicht lieben, den er nicht sieht.
21 Und dies Gebot haben wir von Ihm: Wer Gott liebt, liebt auch seinen Bruder.

5

Der wahre Glaube

1 Wer glaubt, dass Jesus der Christus ist, ist aus Gott gezeugt. Und wer den liebt, der gezeugt hat, liebt auch den aus ihm Gezeugten.
2 Daran erkennen wir, dass wir die Kinder Gottes lieben, wenn wir Gott lieben und nach seinen Geboten handeln.
3 Denn dies ist die Liebe zu Gott: dass wir seine Gebote halten. Und seine Gebote sind nicht schwer zu befolgen.
4 Denn was aus Gott gezeugt ist, besiegt die Welt.

Und dies ist der Sieg über die Welt: unser Glaube.
5 Wer aber kann die Welt besiegen, wenn nicht derjenige, der glaubt, dass Jesus der Sohn Gottes ist.
6 Dieser ist gekommen durch Wasser und Blut: Jesus Christus – nicht nur im Wasser, sondern im Wasser und im Blut. Und der Geist bezeugt es, weil der Geist die Wahrheit ist.
7 Denn es sind drei, die bezeugen:
8 der Geist, das Wasser und das Blut; und diese drei sind eins.
9 Wenn wir das Zeugnis der Menschen annehmen: das Zeugnis Gottes ist größer. Denn dies ist das Zeugnis Gottes: dass er seinen Sohn bezeugt hat.
10 Wer an den Sohn Gottes glaubt, trägt das Zeugnis Gottes in sich. Wer nicht glaubt, macht Gott zum Lügner in ihm selbst, weil er nicht an das Zeugnis glaubt, das Gott für seinen Sohn gegeben hat.
11 Und dies ist das Zeugnis: Ewiges Leben gab uns Gott; und dieses Leben ist in seinem Sohn.
12 Wer den Sohn hat, hat das Leben. Wer den Sohn Gottes nicht hat, hat das Leben nicht.
13 Dies habe ich euch geschrieben, damit ihr wisst, dass ihr, die ihr an den Namen des Sohnes Gottes glaubt, ewiges Leben habt.

14 Wir sind erfüllt von Zutrauen zu ihm, dass er uns erhört, wenn wir – seinem Willen entsprechend – bitten.
15 Und wenn wir wissen, dass er uns erhört, wenn wir bitten, wissen wir auch, dass unsere Bitten erfüllt sind, die wir an ihn gerichtet haben.
16 Wenn jemand seinen Bruder sieht, wie er – nicht zum Tode – sündigt, soll er bitten, und Gott wird

ihm das Leben geben: ihm, der sündigt – nicht zum Tode. Es gibt auch Sünden, die zum Tode führen. Auf sie kann sich die Bitte nicht beziehen, von der ich rede.
17 Jede Ungerechtigkeit ist Sünde; aber es gibt auch Sünde, die nicht zum Tode führt.

18 Wir wissen: wer aus Gott gezeugt ist, sündigt nicht. Wer aus Gott gezeugt ist, bleibt mit seinem Ursprung verbunden; und der Böse meidet ihn.
19 Wir wissen, dass wir aus Gott sind und dass die ganze Welt dem Bösen huldigt.
20 Wir wissen aber auch, dass der Sohn Gottes gekommen ist und uns zur Einsicht verholfen hat, damit wir den Wahrhaftigen erkennen; und wir sind im Wahrhaftigen, in seinem Sohn Jesus Christus. Dieser ist der wahrhaftige Gott und das ewige Leben.

21 Kinder Gottes, hütet euch vor den Götzenbildern.

Der zweite Brief des Johannes
An eine christliche Gemeinde im Umkreis von Ephesus

Begrüßung

1 Der Älteste an die erwählte Gemeinde des Herrn und an ihre Kinder Gottes, die ich in Wahrheit liebe, und nicht nur ich, sondern alle, welche die Wahrheit erkannt haben,

2 wodurch sie in uns bleibt und bei uns sein wird bis in die Ewigkeit.
3 Mit uns wird sein die Gnade, das Mitleid und der Friede von Gott dem Vater und von Jesus Christus, dem Sohn des Vaters in Wahrheit und Liebe.

Das immer währende Gebot der Liebe

4 Recht erfreut hat es mich, unter euren Mitgliedern solche gefunden zu haben, die in der Wahrheit wandeln, nach dem Gebot, das wir vom Vater empfangen haben.
5 Und jetzt bitte ich euch, die ihr Gemeinschaft des Herrn bildet, nicht als ein neues Gebot, sondern als das, mit dem wir schon immer leben: dass wir einander lieben.
6 Und das ist die Liebe: dass wir nach seinen Geboten leben. Und dies ist das Gebot, wie ihr es ursprünglich gehört habt, dass ihr in der Liebe lebt.

Gegner Christi

7 Denn viele Irrlehrer sind ausgezogen in die Welt, die Jesus Christus nicht bekennen als ins Fleisch gekommen: so wirkt der Verführer und Antichrist.
8 Gebt Acht, dass ihr nicht verliert, was wir uns erarbeitet haben, sondern vollen Lohn empfangt.
9 Wer weitergeht und nicht im Wort Christi bleibt, hat Gott nicht. Der aber im Wort bleibt, hat sowohl den Vater als auch den Sohn.
10 Wenn jemand ohne diese Überzeugung zu euch kommt, dann nehmt ihn nicht auf in euer Haus und versagt ihm euern Willkommensgruß.

11 Denn wer ihn willkommen heißt, nimmt Teil an seinem unguten Wirken.

Schlusswort

12 Noch vieles hätte ich euch zu schreiben, doch möchte ich es nicht der Tinte und dem Papier anvertrauen. Vielmehr hoffe ich, euch zu besuchen, und mündlich, von Angesicht zu Angesicht, mit euch zu reden, damit unsere Freude vollkommen sei.
13 Die Angehörigen deiner erwählten Schwestergemeinde lassen grüßen.

Der dritte Brief des Johannes
An einen Schüler und Freund

Begrüßung

1 Der Älteste an den geliebten Gajus, den ich in der Wahrheit liebe.
2 Mein Lieber, mögest du in allem einen guten Weg geführt werden und gesund bleiben, so wie auch deine Seele einen guten Weg geführt wird.
3 Es hat mich sehr erfreut, als Brüder kamen und deine Wahrhaftigkeit bezeugten: wie du in der Wahrheit lebst.
4 Größere Freude kenne ich nicht, als zu hören, dass meine Schüler als Kinder Gottes in der Wahrheit leben.

Das vorbildliche Verhalten des Gaius

5 Mein Lieber, in Treue setzt du dich für die Brüder ein, auch für fremde,
6 die deine Liebe vor der Gemeinschaft bezeugt haben. Du tust gut daran, sie weiter zu leiten, würdig vor Gott.
7 Denn sie sind in die Fremde gezogen und haben nichts von den Heiden angenommen.
8 Es ist an uns, Brüder mit solcher Gesinnung aufzunehmen. So werden wir Mitarbeiter der Wahrheit.

Böse Machenschaften des Diotrephes und Zeugnis für Demetrius

9 Ich habe an die Gemeinde geschrieben. Aber der unter ihnen der Erste sein möchte, Diotrephes, lehnt uns ab.
10 Deshalb werde ich, wenn ich komme, darauf aufmerksam machen, was er mit seinem Tun anrichtet. Er lügt und verleumdet uns. Und damit begnügt er sich nicht. Einerseits nimmt er keine Brüder auf, andererseits hindert er jene, die es wollen, und stößt sie aus der Gemeinschaft aus.
11 Mein Lieber, folge nicht dem Bösen, sondern dem Guten. Wer Gutes tut, ist von Gott. Wer Böses tut, hat keine Wahrnehmung von Gott.

12 Demetrius besitzt ein gutes Zeugnis von allen und von der Wahrheit selbst; und auch wir zeugen für ihn, und du weißt, dass unser Zeugnis wahr ist.

Schlusswort

13 Noch vieles hätte ich dir zu schreiben; aber ich will es der Tinte und der Feder nicht anvertrauen.
14 Ich hoffe aber, dich bald zu sehen; dann wollen wir mündlich, von Angesicht zu Angesicht, miteinander reden.
15 Der Friede sei mit dir. Es grüßen dich die Freunde. Grüße die Freunde und alle namentlich.

NACHWORT

Die Nähe der drei Briefe des Johannes zum Johannesevangelium ist auffällig, nicht nur inhaltlich, auch stilistisch in Parallelen, Antithesen, Wiederholungen, Variationen, Assoziationen und Rhythmen, sowie in der Neigung zu apodiktischen Formulierungen.[1] Die Anrede «Kinder» kommt außer im Johannesevangelium[2] sonst im Neuen Testament nicht vor. Sie setzt einen sehr alten Menschen voraus. Das sind deutliche Hinweise, dass auch die drei Briefe, ebenso wie die Apokalypse, vom Evangelisten stammen, dem Jünger, den der Herr lieb hatte.[3]

Johannes tritt im ersten Brief[4] als Persönlichkeit zurück – ähnlich wie im Evangelium. Er beansprucht aber, für die Verkündigung der christlichen Heilstatsachen besonders prädestiniert zu sein. Er ist der von Christus Geliebte: Lazarus-Johannes.[5] Darum ist seine Botschaft christliche Liebe und durch Geisterkenntnis gegründete Gemeinschaft. Von Kirchengründung ist nicht die Rede; das ist die Aufgabe des Petrus.

Johannes mahnt die Empfänger, am rechten Glauben festzuhalten und Irrlehren zu meiden. Dabei gebraucht er esoterische Bilder und Formeln, die für die Adressaten wohl verständlich, für Außenstehende aber nur mit Mühe zu erschließen sind. Demnach sind die Empfänger Schüler des Johannes, Menschen, die von ihm unterwiesen wurden. Sie haben wohl verstanden, dass das Bild von den drei Zeugen Geist, Wasser und Blut als Geist, Sohn und Vater zu lesen ist. Aus späteren Jahrhunderten stammt ein entsprechender Zusatz.[6] Es ist auch ein Hinweis auf die dreifach höhere Wesenheit des Menschen als das wahre «Bild Gottes», das durch den «Fall» verdunkelt,[7] aber auf Golgatha, durch das Opfer Christi, wiederhergestellt wurde – als Vorbild für jeden Christen und darüber hinaus für alle Menschen.

Wahre Gnosis, wie sie von Johannes vertreten wird, ist von falscher Gnosis nicht so leicht zu unterscheiden wie vom Agnostizismus oder von heidnischen Religionen. Die falschen Propheten, vor denen Johannes warnt, sind darum unter den christlichen Gnostikern zu suchen. Die falschen Gnostiker sind die gefährlicheren Gegner.[8]

Geist-Erkenntnis muss ethisch gegründet sein. Andernfalls entsteht Pseudoprophetie. Ethische Lebensführung ist für Johannes ein Kriterium der Authentizität christlicher Verkündigung. Glaube und Gnosis sind unabdingbar an Moral gebunden.

Worin damals die Irrlehren im Einzelnen bestanden, geht aus den Briefen nicht hervor. Es ist aber deutlich, dass es im Kern um die alles entscheidende Aussage ging: «ὁ λόγος σὰρξ ἐγένετο – Verbum caro factum est – Das Wort ward Fleisch» (Jo 1, 14). Dass Gott Mensch wurde – bis ins Fleisch,[9] ist für den Verstand nicht nachvollziehbar.[10] Der Verstand bedarf der Hilfe des Geistes. So wird die Inkarnation vielfach als Inkorporation missverstanden. Kerinth soll gelehrt haben, dass Gott den Leib des Jesus von Nazareth nur vorübergehend bewohnt hat, nach Art des Zeus. Vor der Kreuzigung habe er sich zurückgezogen. Solchermaßen wäre der Tod aber nicht besiegt worden. Gott musste wirklich *zum* Tode werden, um den «Sündenfall» umzukehren und aufzuheben. In diesem Sinne betont Johannes:

Daran erkennt ihr Gottes Geist: Jeder Geist, der bekennt, dass Jesus Christus ins Fleisch gekommen ist, der ist aus Gott.

«Ins Fleisch kommen» heißt im Sinne des Johannes mehr als vorübergehend Wohnung nehmen. Platon und Aristoteles lehrten, dass der Geist (nus) keine Verbindung eingeht mit der Materie, mit dem sinnlich-physischen Leib.[11] Diese Anschauung wurde durch die «drei Jahre» widerlegt. Der vergängliche Leib wurde auf Golgatha nicht verlassen, sondern in den unvergänglichen Leib *verwandelt*. Nicht Inkorporation, wohl aber die Inkarnation Christi führt zur Auferstehung. Danach heißt es auch von den Menschen: «Wir werden alle verwandelt werden.»[12] Darin zeigt sich der wahre Glaube, der aus Erkenntnis erwächst.

Auch der zweite Brief des Johannes warnt vor Irrlehrern. Inhaltlich bringt er gegenüber dem ersten keine neuen Gesichtspunkte. Hier lautet der zentrale Satz: «Denn viele Irrlehrer sind ausgezogen in die Welt, die Jesus Christus nicht bekennen als ins Fleisch gekommen: so wirkt der Verführer und Antichrist.»

Der dritte Brief lehrt, dass auch ein Mensch wie Johannes, der seine Mission unmittelbar vom Auferstandenen erhalten und entsprechend gelebt hat, sich mit bösartigen Gegnern in den eigenen Reihen auseinandersetzen musste (Diotrephes «lügt und verleumdet uns»). Ernst Käsemann hat die Ansicht vertreten, Diotrephes sei im Sinne der Kirche als rechtgläubig anzusehen, der Verfasser der Briefe, den er mit dem Evangelisten gleichsetzt, aber als häretisch.[13] «Dem Presbyter», schreibt er, «lag an der Herausstellung des Sachverhaltes, dass der Mensch auch nichtsakramental gesichert wird. Nicht in einem einmaligen, durch das Sakrament vermittelten Geschehen, sondern im Bleiben unter dem Wort ruht allein das Heil, weil man damit an den Christus gebunden bleibt.»[14] Dass es in den johanneischen Schriften keine Einsetzung von Abendmahl und Taufe gibt, auch keinen Begriff von Kirche, ist vor Bultmann und Käsemann vermutlich schon von Diotrephes bemerkt worden. Und in diesem Tatbestand sah er wohl eine Gefahr für die Kirche.

Ernst Käsemann bezeichnet den Presbyter Johannes treffend als einen «christlichen Gnostiker, der die geradezu unvorstellbare Kühnheit besitzt, ein Evangelium des von ihm erfahrenen, in die Welt der Gnosis hineinsprechenden Christus zu schreiben».[15] Die christliche Gnosis wurde von der Kirche bekämpft, weil jene keinen zureichenden Begriff von der Inkarnation hatte. Der grundlegende Unterschied zur Gnosis des Johannes wurde von Diotrephes wohl nicht erkannt.[16] Er und andere Vertreter der werdenden Kirche setzten Amt und Tradition an die Stelle persönlicher Geist-Erfahrung wie sie Johannes vertrat. Aber Käsemann betont zurecht: «Alle Tradition hat Sinn nur als Aufruf, die Stimme des gegenwärtigen Christus zu hören.»[17]

Immerhin hat die Kirche später die johanneischen Schriften in das Neue Testament aufgenommen. Christus hat ja auch beide beauftragt: Petrus mit dem sakramentalen Weg der Kirche, Johannes mit dem esoterischen Weg des Wortes.

3. Teil:
Die Gestalt des Johannes in der bildenden Kunst

Aus der Hofschule Karls des Großen

An der Hofschule Karls des Großen in Aachen entstand um 810 das «Lorscher Evangeliar», das auch noch in späteren Zeiten als Vorbild diente.[1]

Johannes ist als bartloser junger Mann beim Schreiben seines Evangeliums dargestellt. Er trägt ein blaues Gewand mit einem rötlichen Überwurf, der mit Kreisen verziert ist. Sein Haupt ist von einem dunkelblauen Nimbus mit goldenen Strahlen umgeben. Johannes sitzt aufrecht auf einem Thron mit Fußschemel. Sein Kopf ist leicht geneigt. Mit der Rechten taucht er gerade die Feder in ein Tintenfass, das sich auf einem Ständer befindet. Mit der Linken hält er ein geöffnetes Buch.

Der Hintergrund ist in drei Flächen gegliedert, die der Dreigliederung des Menschen entsprechen. Das Haupt des Johannes ragt in die obere, leuchtend blaue Fläche, die dem Geist zugeordnet ist. Im Blau dominiert der rote Adler.[2] Hinter der Brust des Evangelisten, die sein seelisches Leben umschließt, teilt ein hellbrauner Querstreifen den unteren Bereich ab, der im Hintergrund moosgrün gehalten ist. In ihm befindet sich der Leib mit seinen Gliedmaßen.

Johannes hört auf die innere Stimme aus der Geistwelt, die der rote Adler vermittelt, in dem sein höheres Ich repräsentiert ist. Der Adler schlägt mit den Flügeln einen Kreis, seinem Nimbus entsprechend.

Der Evangelist thront zwischen zwei Säulen, die auf Kapitellen einen Bogen tragen, der sie verbindet. Damit bilden sie ein Tor. Auf einer Querstange sind zwei zurückgeschlagene Vorhänge befestigt: Das Tor ist geöffnet.

Links und rechts, ausgehend von den Kapitellen,

Abb. 28: Johannes schreibt sein Evangelium. Hofschule Karls d. Gr., Aachen um 810. «Lorscher Evangeliar», Vaticana, Pal. lat. 50, fol. 67 v.

erheben sich zwei baumartige Pflanzen, die an die Paradiesbäume der Erkenntnis und des Lebens erinnern. Ihre Blätter sind dreigliedrig. Das Evangelium des Johannes ist die frohe Botschaft von der Rückkehr ins Paradies. Christus hat durch sein Opfer, im Wendemysterium der Menschheitsgeschichte, zur Erkenntnis wieder das Leben gebracht.

Johannes hat sein Evangelium im hohen Alter geschrieben. Wenn er hier, im Gegensatz zur byzantinischen Tradition, so jung dargestellt ist, dann bezieht sich dies auf das 21. Kapitel, in dem berichtet wird, dass unter den Jüngern die Rede ging: «Dieser Jünger stirbt nicht.» Durch Christus hat er teil an der Kraft des Grals, die ewige Jugend verleiht.[3]

Johannes im Münchner Evangeliar Ottos III.

Das Münchner Evangeliar Ottos III. entstand gegen Ende des zehnten Jahrhunderts auf der Reichenau. Der Nachfolger Ottos, Heinrich II., schenkte es dem Bamberger Dom. Das Buch ist ungewöhnlich reich ausgestattet. Besondere Aufmerksamkeit hat man von jeher der originellen Darstellung der vier Evangelisten gewidmet.

Johannes ist hier ein Mann mittleren Alters mit braunem Haar und Bart (s. Abb. 29).[4] Sein Haupt ist von einem goldenen Nimbus umgeben, der in den blauen Kreis des über ihm befindlichen Adlers hineinragt. Auch der Adler, mit rötlichen Flügeln, ist goldnimbiert. Er sitzt mit ausgebreiteten Flügeln auf einer Schriftrolle: dem Johannesevangelium.

Johannes thront frontal, mit weit aufgerissenen

Augen, auf einem Regenbogen inmitten eines grünen Quadrats, das an das Neue Jerusalem erinnert. Er trägt ein hellblaues Gewand mit einem hellrötlichen Überwurf. Auf seinem Schoß liegen fünf Bücher: Bausteine des Neuen Jerusalem. Seine Füße befinden sich außerhalb des Quadrats auf einem braunen Erdhaufen.

Ebenfalls auf der irdischen Ebene sitzen in den unteren Bildecken zwei Schreiber. Es sind durch ihr Pallium gekennzeichnete Bischöfe.[5] Der rechte Bischof blickt in sein Evangelienbuch; der Linke schaut auf zur Geistgestalt des Johannes. Er streckt ihm die linke Hand entgegen. Das bleibt von Johannes nicht unbemerkt. Mit seiner rechten Hand – wenn auch innerhalb des Gevierts – wendet er sich ihm zu. Johannes ist der Inspirator des Bischofs. Durch die streng frontale Gestaltung fühlt sich aber auch der Bildbetrachter angesprochen.

Mit der linken Hand greift Johannes in eine Art Wolkengebilde, das sich aus ineinandergeschobenen Kreisen zusammensetzt. Um den zentralen Kreis des Adlers herumgruppiert sind fünf weitere blaue Kreise, die wiederum fünf kleinere grüne Kreise umschließen. Zwischen den Kreisen kommen rötliche Strahlen hervor, die sich in den Spitzen dreiteilen.

Im grünen Kreis über Johannes und seinem Adlergeist erscheint König Salomo mit zwei Schutzengeln im dahinter befindlichen blauen Kreis. Salomo öffnet mit beiden Händen eine Buchrolle, die seine Weisheit enthält. Salomo hat von der göttlichen Weisheit gesagt, sie baue sich ihr Haus.[6] Das hat Johannes als Inkarnation des Logos verstanden und beschrieben. Das Johannesbild im Evangeliar Ottos III. bekundet damit unmissverständlich die Einheit des Alten und des Neuen

Abb. 29: Der Seher Johannes. Evangeliar für Otto III., fol. 206 v. München: Bayerische Staatsbibliothek, Clm 4453.

Testamentes, im Besonderen die Einheit der göttlichen Sophia und des göttlichen Logos.

In die geistige Einheit einbezogen sind in den vier weiteren grünen Kreisen die Propheten Daniel, Haggai, Sacharja und Maleachi. Auch sie tragen, wie Salomo, goldene Kronen auf dem Haupt und Schriftrollen in den Händen. Begleitet sind sie in den hinteren Kreisen von je einem Engel mit blauen Flügeln.

Das Bild ist umrahmt durch die Andeutung einer Ädikula mit zwei Säulen und einem Giebel. Auf dem Giebel befinden sich zu beiden Seiten je eine zähnefletschende Wildkatze mit dem Hinterteil eines Windhundes und ein großer Vogel, der von der Bedrohung unbeeindruckt bleibt.

Die beiden Säulen erinnern an Jachin und Boas vom Tempel Salomonis, den Hiram baute.[7] Das Giebelfeld zeigt drei Masken. Die Säulen sind zweigeteilt und verdeutlichen damit ebenfalls die Einheit von Altem und Neuem Testament. Der alte Tempel wurde zerstört. Wieder aufgebaut wurde er in geistiger Formgebung durch das Opfer Christi.[8]

Die – im Vergleich zu den Bischöfen – übergroße Gestalt des Johannes verbindet die Erdenwelt mit der Geistwelt: Seine Füße setzt er auf die Erde; mit seinem Haupt ragt er in den Himmel. Er schaut und ist inspiriert. So stammt die Kunde seiner Schriften aus dem Geist der Wahrheit. Das zeigt auch seine Haltung als Thronender auf dem Regenbogen. So wird Christus in der Apokalypse beschrieben. Im Betrachter wird durch die künstlerische Gestaltung das Gefühl erweckt: Durch Johannes spricht der Christus; denn er ist eins mit dem Logos.

Die Inschrift lautet: «Hic facies aquilae prodit Scribente Johanne – Dieses (Bild) zeigt die Gestalt des Adlers als Evangelist (Schreiber) Johannes.»⁹

Johannes in der Sicht Bernwards von Hildesheim

«Auch gab es keine Kunst, in der er sich nicht versucht hätte», schreibt Thangmar, der Lehrer und Biograph Bernwards von Hildesheim. Bischof Bernward beschäftigte nicht nur zahlreiche Künstler; er war selber gestaltend tätig, zweifellos auch in der Buchmalerei. Dafür spricht die Originalität der Miniaturen im «Kostbaren Evangeliar» und vor allem sein Schlusswort:

> Ich, Bernward, habe den Codex schreiben lassen,
> meine Schätze, wie man sieht, hinzugefügt,
> und ihn dem vom Herrn geliebten Heiligen
> Michael übergeben.
> Gottes Fluch treffe, wer ihm das Buch
> wegnimmt.¹⁰

Unter «seinen Schätzen», die Bernward zur Schrift hinzugefügt hat, sind doch wohl die Miniaturen zu verstehen, die demnach nicht von fremder, sondern von eigener Hand stammen.

Das Bild des aufblickenden Evangelisten Johannes (s. Abb. 30) ist zweigeteilt: in einen irdischen Bereich des Verstandesdenkens und in eine höhere Welt der Imagination. Im unteren Bild sieht man Johannes beim Schreiben seines Evangeliums. Der Hintergrund ist dunkel gehalten und zeigt dicht aneinandergefügte Räder, deren Speichen Blütenblättern gleichen. Das obere Bild zeigt den Geist des Johannes, symbolisiert im Adler mit dem aufgeschlagenen Evangelienbuch, und darüber den Auferstandenen in der ätherisch-elementarischen Welt, die durch eigentümliche Pflanzen gekennzeichnet ist.

Das obere Bild ist als Darstellung von Christi Himmelfahrt gedeutet worden. Das ist ein Missverständnis. Das Wesentliche am Himmelfahrtsbild sind die Menschen, die das Gefühl haben, verlassen zu sein. Insofern ist eine Darstellung ohne den Christus denkbar,[11] nicht jedoch ohne die Jünger. Christus schwebt auch nicht aufwärts. Er steht vielmehr fest auf der grün bewachsenen Erde. Hinzu kommt, dass die Himmelfahrt im Johannesevangelium nicht erwähnt wird. Wenn Bernward sie hätte darstellen wollen, wäre das Lukasevangelium der geeignete Rahmen. Hier handelt es sich um die Auferstehung Christi.

Das Bild schließt unmittelbar an das vorhergehende an: Kreuzigung und leeres Grab. Dieselbe eigentümliche Pflanzenwelt symbolisiert in beiden Bildern das neue Leben, das vom Mysterium des Kreuzes ausgeht. Das Grab ist leer. Aber Christus ist da: in der Sicht Bernwards mit einem Teil seines Wesens in der zur Erde gehörenden Lebenswelt. Brust, Arme und Kopf befinden sich – für die Imagination nicht erreichbar – im Geistbereich, der durch Kreissegmente angedeutet ist.

Der weiß gewandete Christus steht auf einem grünen Hügel voller Pflanzen: der erhöhte Christus auf Golgatha «von der anderen Seite» gesehen. Mit seinem rechten Fuß berührt er den Nimbus des Johannes-Adlers.

Johannes, ebenfalls nimbiert, sitzt darunter, wenn auch bildmäßig getrennt. Auf dem Knie hat er ein geöffnetes Buch, in das er die frohe Botschaft von der Auferstehung des Herrn einschreibt. Seine rechte Hand mit der übergroßen Schreibfeder hat er erhoben, um sie in

Abb. 30: Bernward von Hildesheim: Auferstehung, Johannes schreibt das Evangelium. Das kostbare Evangeliar, Hildesheim um 1015, fol. 175 v.

das Tintenfass einzutauchen. Darunter sieht man einen Behälter mit Buchrollen; darüber hängt ein Kandelaber in Form einer Krone. Auf der gegenüberliegenden Seite befindet sich ein Pult mit einem weiteren Buch, das vielleicht die Offenbarung enthält. Darüber, in der rechten oberen Bildecke ragt der Himmel in Form von Kreissegmenten herein. Aber die Hand, die als Stimme Gottes zu erwarten wäre, fehlt. Das ist auffällig und kann nur bedeuten: Die Inspiration, derer Johannes gewürdigt wurde, als er die Apokalypse schrieb, ist beendet. Johannes der Evangelist ist auf sich selbst gestellt. Er denkt nach. Das bringt die Gebärde seine linken Hand zum Ausdruck, in die Johannes sein Kinn abstützt.

In der Reichenauer Schule wurde Johannes in Ekstase dargestellt: frontal mit weit aufgerissenen Augen. In der Sicht Bernwards ist Johannes ein Philosoph. Zwar hat auch er die Augen weit offen, und sie sind nicht auf die Sinneswelt gerichtet; aber im Profil sieht man nur ein Auge, das weniger stark wirkt. Von entscheidender Bedeutung ist: Das Bild, das Johannes sieht, hat sich ihm nicht aufgedrängt, ist vielmehr seiner Meditation entsprungen. Das Auferstehungsbild ist seine ganz persönliche Sicht. Es gibt dergleichen weder vorher noch nachher. Es ist die Sicht Bernwards, der sich hier mit Johannes dem Evangelisten identifiziert.

Dass es sich bei diesem Doppelbild um mehr als Phantasie handelt – «exakte Phantasie» im Sinne Goethes, das zeigt der rechte Fuß Christi, der den Nimbus des Adlers berührt.[12] Das bedeutet: Johannes ist im Geist mit dem Auferstandenen verbunden. Im aufgeschlagenen Evangelium des Adlers ist wirklich das Wort Gottes enthalten, das im Anfang war und am Ende sein wird. Johannes der Denker ist zugleich Johannes der

Schauende. Sein Denken hat sich ins Bild gewandelt. Im Bild erfasst er die Wahrheit.

Hinweis auf die byzantinische Tradition

In Konstantinopel entstand um 1122 das Tetraevangeliar der Komnenen. Die beiden Kaiser Johannes und Alexios Komnenos haben es in Auftrag gegeben. Die Darstellung der Evangelisten auf den Zierseiten zu den vier Evangelien ist kleinformatig wegen der ungewöhnlich breiten Einrahmung mit stilisierten Blattmustern, angeordnet im Quadrat, dem Grundriss des Neuen Jerusalem.

Der alte Johannes mit weißem Bart empfängt das Evangelium, aufrecht stehend auf Goldgrund. Er diktiert es seinem jungen Sekretär Prochoros.

Prochoros sitzt auf einem Hocker in der linken unteren Bildecke und schreibt. In der Rechten hält er die Feder, in der Linken das Buch. Hinter seinem Rücken erhebt sich ein dreizackiger Felsen. Unter ihm befindet sich eine kleine Grünfläche.

In der rechten oberen Bildecke wird, aus einem blauen Kreissegment hervorkommend, die Hand Gottes sichtbar. In ihr wird Gottes Wort symbolisiert. Das Wort, das im Anfang war, spricht zu Johannes.

Johannes, blaugewandet mit goldfarbenem Überwurf, macht mit der Rechten eine Bewegung zum Schreiber. Sein Haupt wendet er aber zum Wort aus den Höhen. Damit ergibt sich eine Bilddiagonale, auf der das Wort Gottes über den alten Seher bis ins Buch kommt. Die andere Diagonale ist nicht so betont. Gleichwohl ist die Komposition klar und mit eindeutiger Aussage.

Abb. 31: Johannes diktiert seine Schriften. Tetraevangeliar der Komnenen, fol. 261 r. Konstantinopel um 1122. Biblioteca apostolica Vaticana, Codex URB. GR 2.

Die Gestalt des Johannes steht ganz auf Goldgrund, der die Geistwelt anzeigt. Der Schreiber befindet sich im irdischen Bereich: Nur mit seinem Haupt hat auch er Anteil an der Offenbarung aus dem Geist. Nur im Geist kann das Wort Gottes vernommen werden.

Johannes im Evangeliar Heinrichs des Löwen

Das «Evangeliar Heinrichs des Löwen», des Herzogs von Sachsen (1142) und Bayern (1156), wurde von ihm und seiner Gemahlin Mathilde, der Tochter Heinrichs II. von England und der Eleonore von Aquitanien, für ihre Braunschweiger Stiftskirche St. Blasius im Benediktiner Kloster Helmarshausen an der Diemel in Auftrag gegeben. Die Entstehungszeit dieses Jahrhundertwerks der Buchmalerei wird im Zusammenhang mit der Weihe des Marienaltars in St. Blasius im Jahre 1188 gesehen.[13] Geschaffen hat es der Mönch Herimann. Im Widmungsgedicht wird es als sein «Werk» (labor) bezeichnet. Es ist anzunehmen, dass Herimann nicht nur der Schreiber, sondern auch der Maler war.

Das Johannesevangelium ist gegenüber den synoptischen Evangelien in dieser Prachthandschrift hervorgehoben. Die Schriftseiten sind reicher geschmückt; und gewissermaßen zur Einleitung der ganzseitigen Miniaturen, im Anschluss an die Blätter zum Lukasevangelium, ist die Krönung Heinrichs und Mathildes dargestellt und gegenüberliegend der thronende Weltschöpfer und Allbeherrscher. Christus weist Heinrich und Mathilde den Weg des Kreuzes, der zur Krone des ewigen Lebens führt.

Der Schöpfergott mit dem «Viergetier» zeigt den Anfang der Evolution. Auf der Rückseite ist Johannes dargestellt, wie er, im Unterschied zu den Synoptikern, unmittelbar vom Heiligen Geist inspiriert wird. Die Taube mit blauem Nimbus kommt von oben herab und berührt mit dem Schnabel das Haupt des Evangelisten. Johannes ist nimbiert; er trägt ein blaues Unterkleid und ein rotes Obergewand mit weißen Kreuzen. Die

Füße sind unbekleidet und werden von einem Schemel abgestützt.

Johannes hat das vierte Evangelium im hohen Alter geschrieben. Dementsprechend ist er weißhaarig und mit großem Bart gezeichnet. Er blickt aufwärts. Die Schreibfeder hat er hinters Ohr gesteckt. Beide Hände hebt er in empfangender Geste empor. Johannes empfängt die Botschaft des Heiligen Geistes, dessen Kommen für alle Menschen in seinem Evangelium angekündigt wird. Das aufgeschlagene Buch zeigt links die Worte: «In principio erat verbum – im Anfang war das Wort». Die rechte Seite ist leer, noch zu beschreiben.

Das Bild ist symmetrisch aufgebaut. Zur Rechten des Evangelisten sieht man ein zweites Pult mir zwei Tintenhörnern und einer zweiten Schreibfeder. Die beiden Pulte stehen vor großen Fenstern, die den Blick ins Blaue eröffnen. Johannes thront in der Mitte des Bildes zwischen zwei Säulen, die ein hohes Tor begrenzen. Dieses Tor kann als Tor zur Geistwelt interpretiert werden: der Hintergrund ist goldfarben; und der Vorhang ist geöffnet.

Der Thron des Johannes zeigt Löwenpranken und Hundsköpfe. Die Umgebung ist Stadtarchitektur mit Mauern, drei mal vier Säulen, Toren, Türmen, Häusern: eine Imagination der Neuen Stadt aus dem Himmel, die Johannes in der Apokalypse ankündigt als eine Stadt ohne Tempel. In dieser Stadt ist Gott selbst der Tempel.

Das Bild ist von einem Band aus Pflanzenformen umgeben. In den vier Ecken sieht man die Personifikation der Kardinaltugenden: oben fortitudo – Starkmut und sapientia – Weisheit; unten justitia – Gerechtigkeit und temperantia – das rechte Maß. Wer die Tugenden übt, den wird der Heilige Geist inspirieren wie Johannes; er

Abb. 32: Evangeliar Heinrichs des Löwen, um 1188. Johannes der Evangelist. fol. 172 v. Wolfenbüttel: Herzog August Bibliothek.

versteht den Bogen der Evolution vom Wort im Anfang zum Wort am Ende; ihm steht das Tor zum Neuen Jerusalem offen. Es ist der Weg von Heinrich und Mathilde.

Heinrichs rücksichtslose Machtpolitik brachte ihm große Erfolge. Selbst seine Pilgerfahrt nach Jerusalem wusste er als Demonstration der Macht zu gestalten. Die Erfahrung des Sturzes – im Kampf gegen die Staufer – mag ihn zur Wende nach innen veranlasst haben, auch wenn er den Kampf um die Führung im Reich erst wenige Jahre vor seinem Tode aufgab.[14]

Den Braunschweiger Löwen ließ Heinrich zweifellos zunächst als Symbol der Macht errichten. Aber spätestens nach seinem Sturz wird er auch die spirituelle Bedeutung des Symbols erkannt haben: Christus ist der wahre Löwe, der König der Könige, der Allbeherrscher. Das ist jedenfalls die Botschaft des von ihm und seiner Gemahlin gestifteten Evangeliars. Zur Begegnung mit Ihm, der auf einem vorangehenden Bild das Paar krönt, weist – unter den Evangelisten – vor allem Johannes den Weg, der in der Sicht Herimanns und seines Abtes vom Heiligen Geist unmittelbar inspiriert wird: vom Geist der Wahrheit und der Erinnerung. Der Geist, der Adler, hält das geöffnete Buch und empfängt, was der Heilige Geist, die Taube, zu sagen hat vom Sohn und vom Vater.

Johannes am Herzen des Herrn

Vom letzten Abendmahl Christi berichten alle vier Evangelisten, Johannes aber mit gewichtigen Abweichungen. Nur Johannes erwähnt, dass der Lieblingsjünger an der Brust des Herrn ruhte. Die Künstler haben zu allen Zeiten gerade diese Szene hervorgehoben. Sie

Abb. 33: Süddeutscher Meister aus dem Bodenseegebiet: Christus-Johannes-Gruppe. Eichenholz, um 1330. Berlin: Bode-Museum.

ergreift den Leser des Evangeliums und den Betrachter der Bilder auch heute in besonderem Maße.

Um 1300 haben Bildhauer im Bodenseegebiet die Szene aus dem Abendmahlsgeschehen herausgelöst und zu einem selbstständigen Gegenstand der Meditation gemacht. Aus der Zeit um 1330 befindet sich eine besonders schöne Gruppe im Bode-Museum zu Berlin.[15]

Christus und Johannes sitzen nebeneinander auf einer Bank. Sie sind etwa gleich groß. Christus sitzt aufrecht, mit leichter Neigung seines Hauptes zum Lieblingsjünger, Ernst, innere Ruhe, Liebe und übermenschliche Schönheit ausstrahlend: Er ist nicht nur der Gute, sondern auch der schöne Hirte.

Johannes hat seine Linke in die rechte Hand Christi gelegt. Sein Kopf ruht, nahezu frontal gestaltet und fast bis in die Waagrechte geneigt, am Herzen Christi. Die linke Hand des Herrn liegt auf der linken Schulter des Lieblingsjüngers. Über diese dreifache Bezeugung der Einheit hinaus sind die beiden durch einen roten Schal verbunden, der, von der Schulter Christi ausgehend, Johannes umschließt.

Johannes hat die Augen in mystischer Versenkung geschlossen. Sein «Schlaf» ist kein gewöhnlicher Schlaf, sondern Zeichen der christlichen Initiation. Die Einweihung im Sinne des Johannesevangeliums besteht in einer Erkraftung und zugleich Befreiung des an das Gehirn gebundenen Denkens aus der Region des Herzens heraus, in der Christus erlebt wird. Christus offenbart sich nicht dem Verstand, sondern, wie es auch Paulus erfahren hat, im Geist und im menschlichen Herzen. Der «Schlaf» des Johannes ist im Sinne der Mystik als *höheres Erwachen* zu verstehen.

So gesehen repräsentiert Johannes die menschliche Seele, die sich mit Christus als ihrem Bräutigam verbindet. Auf Patmos hat Johannes die Stimme des Engels vernommen und in der Apokalypse niedergeschrieben:

> Gekommen ist die Hochzeit
> des Lammes.
> Und seine Braut hat sich bereitet.[16]

Abb. 34: Veit Stoß: Christus und Johannes beim letzten Abendmahl. Volckamersche Gedächtnisstiftung, Sandsteinrelief, 1499. Nürnberg, St. Sebald.

Abb. 35: Albrecht Dürer: Das letzte Abendmahl, Holzschnitt, 1510, Ausschnitt.

Johannes ist die Seelenbraut Christi. Dem entsprechend gaben ihm die Künstler gelegentlich nicht nur jugendliche, sondern auch weibliche Züge.[17]

In der Gestaltung des letzten Abendmahls von Veit Stoß in der Volckamerschen Gedächtnisstiftung von 1499 kann die innige Umarmung des Johannes durch Christus als Nachwirkung dieser mystischen Tradition aus dem vierzehnten Jahrhundert verstanden werden, vor allem aber die Konzeption Dürers von 1510, bei der

Johannes als Dreizehnter erscheint. Die Umarmung Christi ist bei Dürer nicht nur Ausdruck inniger Übereinstimmung, sondern auch schützende Gebärde gegenüber entstehenden Gefühlen der Eifersucht aus dem Kreis der Zwölf, die in der Frage Petri am See Genezareth gipfelt: «Was ist mit diesem, Herr?»[18]

Rogier van der Weyden: Das Braque-Triptychon

Die Jungvermählten Jehan Braque und Katharina von Brabant haben, vermutlich im Jahre 1451, bei Meister Rogier van der Weyden (um 1399 – um 1459) ein Andachtstriptychon für ihr Privathaus in Auftrag gegeben.[19] Nachdem Jehan bereits 1452 überraschend gestorben war, wurde es zum Epitaph. Darum zeigt es im geschlossenen Zustand links einen Totenkopf und die Worte: «Erkennt euch als stolz und habgierig / mein Körper war schön: nun ist er Fleisch für die Würmer.»[20] Auf der rechten Flügelaußenseite sieht man ein Kreuz und liest die Worte: «O Tod, wie bitter ist deine Erinnerung an einen Mann, der inmitten seiner Besitztümer in Frieden lebt, für einen Mann, der sich wohl fühlt, dem es gut geht und der in allem erfolgreich ist, und dem das Essen noch schmeckt.»[21]

Der erste Blick erinnert also an den Tod: Memento mori – Gedenke: du wirst sterben. Wird das Triptychon aufgeklappt, zeigt sich folgerichtig eine Art «Deesis»: in der Mitte Christus als Herrscher der Welt zwischen Maria und Johannes. Es ist aber keine Deesis.[22] Maria bittet nicht für die gefallene Menschheit oder die Seele des verstorbenen Jehan Braque. Sie spricht vielmehr die Anfangsworte der Magnificat-Hymne, und Johannes ist

Abb. 36: Rogier van der Weyden: Braque-Triptychon, um 1452. Mittelteil, 41 x 69 cm. Paris: Louvre.

nicht der Täufer, der es nach der Tradition sein müsste, sondern der Evangelist.²³

Christus ist streng frontal gestaltet, mit Augen, aus denen tief ergreifend Ernst und Liebe gleichermaßen spricht: ein Blick, den der Betrachter nicht vergisst.²⁴ In der Linken hält er den Globus mit dem Kreuz. Zwar ist ihm das Gericht übergeben, aber hier ist er doch mehr Salvator mundi – Retter der Welt; denn er hat die Menschen zum wahren Leben geführt. Sein Schriftband sagt es: «Ich bin das Brot, / das Leben spendet,/ herabgekommen aus dem Himmel.»²⁵ Er wird hoch gepriesen von Maria zu seiner Rechten: «Meine Seele preist den Herrn, und mein Geist freut sich über Gott, der mich errettet.»²⁶ Johannes, zur Linken Christi, hält den Giftbecher; aber die Weisheit der Schlange hat er bereits mit Hilfe des Welttherapeuten umgewandelt in christliche Weisheit. Darum erhebt sich aus dem Kelch keine Schlange. Das hat einige Interpreten veranlasst, in ihm den Abendmahlskelch zu erblicken. Es ist aber ein Johannesbild, das die Botschaft des Johannesevangeliums vermittelt. In ihm ist von der Einsetzung des Altarsakraments gerade nicht die Rede, obwohl der Verfasser zumindest teilweise beim Abendmahl anwesend war.

Auch das Bild selbst weist in eine andere Richtung. Von Altar und Kirche ist nichts zu sehen. Den Hintergrund bildet eine weite Weltlandschaft. Es ist ja auch kein Altarbild, sondern für die persönliche Andacht konzipiert. Indessen wird das Wort vom Brot des Lebens im Johannesevangelium ergänzt durch den Hinweis auf die Bedeutung des Blutes: «Wer mein Fleisch isst und trinkt mein Blut, / hat ewig Leben. / Ich werde ihn am letzten Tag / zur Auferstehung führen.»[27] Darauf mag der Kelch des Johannes deuten. Christus hat sich mit der ganzen Erde unlöslich verbunden. Das wird sowohl im Altarsakrament als auch in geistiger Kommunion «erinnert».

Der Täufer auf dem linken Flügel (s. Abb. 37) bezeichnet Christus als das Lamm, das die Sünden der Welt trägt: Es ist nicht das Passah-Lamm, das geschlachtet wird; denn das letzte Abendmahl fand am Vorabend statt, am «Rüsttag».

Johannes der Täufer ist zwar der Größte unter den von einer Frau geborenen Menschen,[28] aber in Bezug auf Christus nur der Vorläufer. Johannes der Evangelist ist näher am Herzen des Herrn. Darum steht er hier zu seiner Linken und ergänzt den Spruch des Erlösers zur neuen Einheit: «Ich bin das Brot, / das Leben spendet, / herabgekommen aus dem Himmel – das Wort ward Fleisch / und wohnte unter uns.»[29]

Abb. 37: Rogier van der Weyden: Braque-Triptychon, linker Flügel, Johannes der Täufer, 41 x 34 cm. Paris: Louvre.

Der linke Flügel weist auf die Taufe, die im Hintergrund zu sehen ist. Auch das Wort des Täufers wird vom Evangelisten zur neuen Einheit ergänzt: «Siehe Gottes Lamm, / das diese Welt von Schuld entlastet[30] – Das Wort ward Fleisch / und wohnte unter uns.» Die Inkarnation führt zur Auferstehung, die das Mittelteil evoziert.

Die Auferstehung wird bestätigt durch den rechten Flügel (s. Abb. 38). Maria Magdalena ist die erste Zeugin der Auferstehung des Herrn. Sie trägt ihr Salbgefäß. Das Spruchband führt nicht direkte Rede. Es wird mit Worten aus dem Johannesevangelium berichtet: «Da nahm Maria ein Pfund Salböl / von echter Narde / – das war sehr kostbar – / salbte die Füße Jesu...»[31]

Wie die Auferstehung auf Golgatha durch die Er-

Rogier van der Weyden: Das Braque-Triptychon

Abb. 38: Rogier van der Weyden: Braque-Triptychon, rechter Flügel, Maria Magdalena, 41 x 34 cm. Paris: Louvre.

weckung des Lazarus angekündigt wird, so die Fußwaschung beim letzten Abendmahl durch die Salbung in Bethanien. Maria Magdalena hat beim Gastmahl in Bethanien die Füße des Herrn mit kostbarem Öl gesalbt und dann mit ihren Haaren getrocknet. Die Fußwaschung ist der Beginn des christlichen Initiationsweges, der zur Kommunion im Geiste führt. Der Täufer und Magdalena: beide deuten somit auf den *Weg,* der zum Erleben des Christus in der Seele führt.

Johannes der Täufer hat als Erster das göttliche Wort als die auf Erden wandelnde ewige *Wahrheit* erkannt. Im Antlitz der Maria Magdalena spiegelt sich Christus als die ewige *Schönheit.* Die Mutter und der Jünger, den der Herr liebte und der unter dem Kreuz zum Sohn wurde, bezeugen im Auferstandenen, der zum Herrscher der Welt wurde, die ewige *Güte* des Vaters. Wahrheit, Schönheit, Güte lautet die umfassende Botschaft des Braque-Triptychons in seiner Dreieinheit.

Johannes und die Weisheit der Schlange

Ein großer Gegner des Johannes in Ephesus war Aristodemus, der Oberpriester der Diana. Dieser wollte sich zu Christus bekennen, wenn Johannes einen Giftbecher tränke, ohne Schaden zu nehmen, und dies, nachdem zwei zum Tode verurteilte Verbrecher ebenfalls von dem Gift getrunken hätten. Johannes willigte ein. Die beiden Verbrecher starben auf der Stelle; Johannes aber machte das Zeichen des Kreuzes über dem Kelch, trank und blieb unversehrt. Aristodemus zweifelte aber noch und verlangte, dass Johannes die beiden Toten erst wieder zum Leben erwecken solle, bevor er an den Gott der Christen glauben könne. Daraufhin nahm Johannes seinen Mantel, gab ihn dem Aristodemus mit den Worten: «Geh und leg den Mantel auf die Leiber der Toten und sprich: Der Apostel Christi hat mich her zu euch gesandt, dass ihr in Christi Namen aufersteht.»[32] So geschah es. Die Toten wurden lebendig, und Aristodemus bekannte sich zu Christus.

Diese Legende liegt den zahlreichen Darstellungen des Johannes zugrunde, die den Evangelisten mit dem Giftbecher zeigen. Dem Bild entnimmt der Betrachter eine Bestätigung der Rede: «Dieser Jünger stirbt nicht.»[33] Die Darstellung des Meisters HL aus der Dürerzeit (um 1520/25) zeigt darüber hinaus seine überfließende Lebenskraft *für andere* (s. Abb. 39).[34]

Johannes steht aufrecht. Sein Kopf ist leicht geneigt,

dem Giftpokal zugeneigt. Mit der Linken hält er den Kelch. Das Halten ist aber kaum mehr als ein leichtes Unterstützen. Der Kelch scheint fast zu schweben. Mit der rechten (stark beschädigten) Hand schlägt der Evangelist das Kreuz über dem Gift.

Das Gift wurde schon immer der Schlange zugeschrieben. Die Schlange repräsentiert die Weisheit, die zum Verlust des Paradieses geführt hat und sich seit der griechischen Kulturepoche als Wissenschaft zur Geltung bringt. Johannes vermag die Weisheit der Schlange umzuwandeln in christliche Weisheit, weil ihn die Kraft Christi erfüllt, der die Weisheit ist, die im Anfang war und Gott ist. Die Umwandlung geschieht im Zeichen des Kreuzes.

Johannes blickt mit einem zarten Lächeln, konzentriert und Ruhe ausstrahlend auf das Gift der Schlange. Dieser starke Ausdruck innerer Ruhe steht in scharfem Kontrast zu seinem vom Wind zerzausten Haar und zum gewaltigen Faltenwurf seines Obergewandes. Diese quellenden Gewandfalten sind singulär und gewiss nicht ungezügelter Phantasie seines Schöpfers zuzuschreiben. Der Meister verleiht durch seine außergewöhnliche Gestaltungskraft dem Mantel eine besondere Bedeutung. Die Formen erinnern an wuchernde Pflanzen als Ausdruck des Lebens.

Der außergewöhnliche Mantel des Johannes kann vom zweiten Teil der Legende her verstanden werden. Danach handelt es sich um den Mantel des Lebens, den der Oberpriester auf die vergifteten Übeltäter legt. Wenn Aristodemus spricht: «in Christi Namen», glaubt er bereits an die Auferstehungskraft des Gekreuzigten, die von Johannes ausgeht und durch seinen Mantel als «Lebenshülle» repräsentiert wird. Er bedarf keines Beweises mehr: Er ist selbst der lebendige Beweis für die Wirkensmacht Christi.

Christus ist die Weisheit; er ist aber auch das wahre Leben, das, wie kein anderer, Johannes am eigenen Leib erfahren hat. Etwas von dieser Lebenskraft geht vom Evangelisten auf die beiden Vergifteten über, so dass sie ins Leben zurückgerufen werden können. Das ist der Sinn der Mantelspende des Johannes und zugleich eine Erklärung der ungewöhnlich lebensvollen Mantelgestaltung durch den Meister HL.

Dass bei diesem Ereignis auch der Wind beteiligt ist, sagt vor allem das wehende Haar des Evangelisten. Der Wind kommt aber nicht nur aus einer Richtung. Es ist, als ob alle vier Winde gleichzeitig bliesen. Das Unterteil des Mantels wird nach oben gerissen, aber die Faltung entsteht durch quer laufende Strömungen und Wirbelwinde. Über der linken Schulter lässt eine von oben kommende Strömung regelmäßige Wellen entstehen. Die rechte Schulter zeigt demgegenüber eine unregelmäßige Knautschzone.

Der Wind und der Heilige Geist werden in der griechischen Sprache mit dem gleichen Wort bezeichnet: pneuma. Darum ist bei der Ausgießung des Geistes zu Pfingsten der Saal, in dem die Christen versammelt sind, von einem «Brausen» erfüllt, «wie von einem gewaltigen Wind».[35] Wenn der Bildhauer HL durch seine Gestaltung das Wehen der Winde zeigt, will er vielleicht sagen: Bei der Umwandlung der Schlangenweisheit durch Johannes wirkt in ihm die Lebenskraft

Abb. 39: Meister HL: Johannes mit dem Giftbecher, um 1520–25. Lindenholz, monochrom getönt, 149 cm. Nürnberg: Germanisches Nationalmueseum.

Johannes und die Weisheit der Schlange

Christi in Einheit mit dem Heiligen Geist; denn die Sendung des Geistes gehört zur zentralen Botschaft des Johannesevangeliums.

Meister HL zeigt, wie Johannes vom Geist ergriffen und mit Hilfe des Geistes zum Lebensspender wird: zum Spender des ihn erfüllenden überfließenden Logos als des wahren Lebens.

Wie so oft, gehört auch zu dieser Darstellung des Evangelisten Johannes, als Pendant, eine Darstellung des Täufers Johannes.

Johann Hertz: Selbstbildnis als Johannes

Die enge Zusammengehörigkeit der beiden Johannes zeigt ein Selbstbildnis von Johann Hertz (1599–1634).[36]

Johann Hertz lernte zunächst in der Nürnberger Werkstatt seines Vaters, der sowohl Maler als auch Goldschmied war. Er ging wohl erst spät auf Wanderschaft in die Niederlande, wo er, vermutlich in Utrecht, den Stil Caravaggios kennenlernte, der dort von Hendrick ter Brugghen, Geritt van Honthorst und anderen gepflegt wurde.

1627, mit 28 Jahren, legte Johann Hertz sein Gemälde «Johannes Evangelistae» dem Rugamt der Stadt Nürnberg als Meisterstück vor. Der Maler Johann Hauer (1586–1660), der ihn persönlich gekannt hat, vermerkt: «Anno 1627 den 8. Maii hat Johann, Herrn Georg Herzen Sohn, sein Brobstück, ein Brustbild Johannes Evangelistae, in die nacht gemahlt, für die Rucksherrn gebracht und ist für passierlich erkannt worden. Hat den Aydt auch leisten müssen.»[37]

Das quadratische Bild ist ein Nachtstück. Der Raum

wird von einer am linken Bildrand befindlichen Öllampe erhellt. Dadurch entstehen große Hell-Dunkel-Kontraste in der Art von Caravaggio. Auch Einzelheiten erinnern an dessen Darstellungen Johannes des Täufers.[38] Der von Weinlaub umrankte Baum, der sich schräg von links unten erhebt, wirkt fast schwarz. Vorherrschend sind Brauntöne, teils aufgehellt ins Gelbliche, teils gesteigert ins Rot des Umhangs und der ausdrucksvollen Lippen. Johannes, meditierend, ist realistisch mit nacktem Oberkörper dargestellt. Das war in Mitteleuropa nicht üblich. Ob er sich in einem Innenraum oder draußen, vor einem Haus befindet, bleibt unbestimmt. Die Mauer im Hintergrund lässt beide Deutungen zu.

Das Gemälde (s. Abb. 40) gilt – immer schon – als Selbstporträt. Aber einige Forscher[39] halten das Bild mit guten Gründen für eine Darstellung Johannes des Täufers. Unter diesem Titel ist es im Germanischen Nationalmuseum ausgestellt, obwohl der Maler selbst es mit dem Titel «Johannes der Evangelist» als Meisterstück eingereicht hat. Im Vordergrund liegt ein Kreuzstab. Er ist aber großenteils verdeckt durch das Buch, den roten Umhang und die grau-seidene Banderole. Das übliche «Ecce Agnus Dei» fehlt auf dem Seidenband. Aber die Muschel im Vordergrund kann als Schöpfgefäß des Täufers angesehen werden. Und hinter dem roten Umhang wird ein wenig Fell sichtbar – Zeichen des Täufers.

Das aufgeschlagene Buch gehört eher zum Evangelisten. Zumindest die philosophische Haltung beim Lesen des Buches passt sehr gut zum Lieblingsjünger des Herrn. Die Evangelien wurden Jahrzehnte nach dem Tod des Täufers geschrieben; insofern ist das Buch, das ihm gelegentlich beigegeben wird, zumeist wohl das Alte Testament. Der Evangelist ist ein Denker, der

Täufer wird immer willensbetont dargestellt. Auch die Weinranken deuten auf den Evangelisten; denn nur im vierten Evangelium steht der Satz: «Ich bin der wahre Weinstock.» Und vor allem zählt doch wohl das Zeugnis des Malers Johann Hauer! Dass Hauer die beiden Johannes verwechselt haben könnte, ist ziemlich unwahrscheinlich, zumal er selbst den Namen trägt und sich von dem Bild unmittelbar angesprochen fühlen musste. Zur Eindeutigkeit fehlt aber der Adler – oder das Lamm. Die Unbestimmtheit ist ein durchgehender Stilzug des Bildes.

Johann Hertz hat dem Rugamt ein Brustbild von Johannes Evangelistae vorgelegt. Aber die Hinweise auf den Täufer sind ebenfalls nicht zu leugnen. Konnte er sich nicht entscheiden? Wohl kaum. Wahrscheinlich ist Johann Hertz seinem Namenspatron durch Meditation des Johannesevangeliums innerlich so nahe gekommen, dass er – im Sinne des Origenes – sich selbst als ein Johannes gefühlt hat, dem sich der andere Johannes offenbart.

Das vierte Evangelium verdankt seine Entstehung den beiden Johannes. Das sagt das Meisterstück von Johannes Hertz: Ich bin der Evangelist; aber der Evangelist hat die Rolle des Täufers übernommen. Der Täufer hat mit Wasser getauft – darauf deutet die Muschel. Der Evangelist Johannes, als der von Christus Erweckte, tauft mit dem Feuer des Geistes – darauf deutet das aufgeschlagene Evangelienbuch.

Johannes liest nicht in dem Buch: Er hat in ihm gelesen und denkt jetzt nach. Er hat den Kopf in die Hand gestützt – wie der «Denker» von Rodin. Sein Blick geht in die Weite und damit ins eigene Innere, wo die Begegnung mit Christus erfolgen kann. So wird der

Johann Hertz: Selbstbildnis als Johannes

Abb. 40: Johann Hertz: Selbstbildnis als Johannes, 95 x 95 cm, 1627. Nürnberg: Germanisches Nationalmuseum.

Maler zu Johannes; und so kann er seinem «Johannes» die eigenen Züge verleihen. Darin ruht das Geheimnis seiner Authentizität.

Johann Hertz starb mit 34 Jahren an der Pest. Er wirkte demnach sieben Jahre als Meister. Aber außer dem Meisterstück ist – ähnlich wie im Falle Ouwater in Berlin[40] – kein weiteres Werk bekannt.

Der Weg des Johannes
Versuch einer biographischen Skizze

Das Johannesevangelium wurde um 100 nach der Zeitenwende geschrieben.

Dass der Autor den Namen Johannes trug, ist im Evangelium nirgendwo vermerkt. Alles, was über Johannes den Evangelisten überliefert ist, kann historisch nicht durch unumstößliche Fakten belegt werden. Dieser Gestalt kann man sich nur im Laufe vieler Jahre mit persönlicher Imagination anzunähern versuchen.[41]

Ich erblicke den vierten Evangelisten in der Gestalt des reichen Jünglings,[42] von dem Markus berichtet: ein Gerechter im Sinne des Alten Testaments, der die Nachfolge Christi antritt, nachdem er vielleicht Schüler Johannes des Täufers gewesen war. Er wird zum Jünger, den der Herr liebte, wandert aber nicht mit den Zwölfen, gehört vielmehr zum Jerusalemer Kreis der Jünger Christi. Mit Nikodemus und wohl auch Joseph von Arimathia gehörte er zum Hohen Rat. Als Lazarus wird er vom Christus in das Mysterium von Tod und Auferstehung eingeführt. Das sollten schon vorher Petrus, Jakobus und Johannes auf dem Berg der Verklärung erfahren. Die drei Auserwählten der Zwölf scheiterten.[43] Sie vermochten auch in Gethsemane nicht zu wachen. Lazarus scheiterte nicht. Er wurde vom ewigen Logos dem Tod entrissen. Beim letzten Abendmahl ruht er an der Brust des Herrn. Da tritt er, wie es Karl König ausgedrückt hat, als Adler an die Stelle des Skorpion-Judas.[44] Er ist Zeuge des Verhörs beim Althohenpriester Hannas und bei der Verurteilung durch Pilatus. Lazarus-

Johannes hat die Kraft, mit Maria, der Mutter, unter dem Kreuz zu stehen, nachdem die elf geflohen waren und Judas seinen Abgrund erfuhr. Er wird vom Christus der Mutter verbunden: «Siehe, deine Mutter.»

Wenn Maria seine Mutter ist, dann ist er selbst Christus, wie Origenes bemerkt hat.[45] Er ist von Christus so durchdrungen, dass von ihm die Rede geht: «Er stirbt nicht.» Er hat Teil an der Auferstehungskraft, die vom Kreuz auf Golgatha ausgeht.

Lazarus-Johannes nimmt die Mutter des Herrn zu sich. Diese Aussage hat auch mehrere Ebenen. Hier interessiert die äußere Lebenswirklichkeit. Auf dieser Ebene heißt der Satz: Der Lieblingsjünger nimmt die Mutter in sein Haus auf. Mit Petrus, dem er den Vortritt lässt, sieht er am Ostermorgen das leere Grab. Gemeinsam mit den elf hat er die Schau des Auferstandenen: in Jerusalem und am See Genezareth.

Nun war aber sein Leben bedroht. Die religiösen Führer der Juden hatten ja beschlossen, auch Lazarus zu töten.[46] Die Legenda aurea berichtet von seiner Fahrt nach Südfrankreich.

Joseph von Arimathia, der mit Nikodemus den Leichnam Christi vom Kreuz genommen und begraben hat, war ein reicher Handelsherr mit Beziehungen über Frankreich nach England. Er, der den Gral nach England gebracht haben soll,[47] könnte die Ausreise auf einem seiner Schiffe organisiert haben. Die Legende spricht von den Ungläubigen, die Lazarus und seine Gefährten auf einem Schiff ohne Steuer auf dem Meer ausgesetzt hätten. So oder so: ein Aufenthalt in Südfrankreich sollte nicht bezweifelt werden, da es in diesen Gegenden entsprechende alte Überlieferungen gibt, wenn diese auch erst spät aufgeschrieben wurden.

Die Begleiter des Lazarus waren nach der Legende: Maximinus, einer von den zweiundsiebzig Jüngern des Herrn, Cedonius, «welcher blind geboren, aber vom Herrn war geheilt worden», Maria Magdalena und Martha, «samt ihrer treuen Dienerin Martilla» und weitere Christen. Gelandet sind die Christen in Les Saintes Maries de la Mer, westlich von Marseille. Eine erste Station war vermutlich die Insel Zypern, wo es ebenfalls eine alte Lazarustradition gibt.

Maria Magdalena und Martha blieben in Südfrankreich und starben dort. Lazarus gründete in Marseille eine christliche Gemeinschaft und reiste dann bald wieder zurück nach Jerusalem, um mit Maria nach Ephesus auszuwandern – nun unter dem Namen Johannes.[48] Nahe der Stadt, in der Einsamkeit, am Bergeshang, ließ er der Mutter ein Wohnhaus errichten.[49] Die Gemeinden im Umkreis der Stadt, die in der Apokalypse genannt werden, hat er wohl im Verlauf seines Aufenthaltes in Ephesus aufgesucht.

In Ephesus wurde eine große Muttergöttin verehrt, die von den Griechen mit ihrer jungfräulichen Artemis identifiziert wurde: Artemis Ephesia. Maria ist eine neue Artemis Ephesia: Mutter und Jungfrau. Sie war in Ephesus geistig am rechten Ort.

Diese Statue hat Johannes gesehen. Sie ragte einschließlich Sockel und Kopfaufsatz etwa fünf Meter hoch auf und ist auch heute noch von nachhaltiger Wirkung.

Die Große Göttin hatte zwar erheblich an Macht eingebüßt, aber Paulus bekam sie noch zu spüren, denn

Abb. 41: Artemis-Ephesia. Die Große Artemis, um 90 n. Chr. Selçuk: Museum.

Versuch einer biographischen Skizze

er musste ihretwegen, um das Jahr 57, auf seiner dritten Missionsreise Ephesus fluchtartig verlassen. Maria war einige Jahre zuvor gestorben und Johannes war wohl nicht mehr in der Gegend, als Paulus auftrat. Sonst wäre in der Apostelgeschichte ein Hinweis zu erwarten. Es ist kaum vorstellbar, dass Johannes, Maria und Paulus am selben Ort wirken und nichts voneinander wissen. Paulus war immerhin über zwei Jahre in Ephesus, nachdem er um 52/53, gegen Ende seiner zweiten Missionsreise die Stadt und ihre christliche Gemeinschaft nur kurz besucht hatte.

Es gibt eine Überlieferung, nach der Maria das Ereignis von Golgatha zwölf Jahre überlebt hat.[50] Demnach wäre sie im Jahre 45 gestorben. Nach dem Tod der Maria hat Johannes Ephesus verlassen. Vielleicht hat er sich ein zweites Mal nach Südfrankreich begeben. Spätestens gegen Ende der siebziger Jahre hat er aber wieder in Ephesus gewirkt. Dort wurde er verhaftet und nach Rom gebracht, wo man ihn zur Ölfolter verurteilte. In der Legenda aurea wird sein Martyrium unter die Regentschaft des Kaisers Domitian (81–96) verlegt: «… da fuhr Johannes in das Land Asia und baute in demselben viele Kirchen. Das kam vor den Kaiser Domitianus, der ließ ihn greifen und hieß ihn in eine Bütte voll siedenden Öls setzen vor dem Tore zu Rom, das da heißt Porta Latina. Aus der Bütte ging Sankt Johannes ohne alle Verletzung, gleichwie er ohn alle leibliche Befleckung auf Erden war gegangen. Da aber der Kaiser sah, dass Johannes auch jetzt von seiner Predigt nicht wollte lassen, so verbannte er ihn auf eine Insel in dem Meere, die war geheißen Pathmos. Da wohnte er ganz allein und schrieb daselbst das Buch von der heimlichen Offenbarung.»[51]

Die Legende, nach der Johannes die Ölfolter wundersamerweise überstand, bestätigt die im Johannesevangelium überlieferte Rede: «Dieser Jünger stirbt nicht» – auch mit der Korrektur Christi: Er bleibe, bis zur Wiederkehr.

Im Überstehen der Ölfolter zeigt sich die Wirkensmacht des Christus. Sie zeigt sich auch in der Sehergabe des Johannes, die vielleicht durch die Folter ihre spezifische Dimension erhielt: In der Verbannung empfing er – durch den Geist – die Apokalypse.[52]

Auf der Insel Patmos wurde Johannes bald nicht mehr schlecht behandelt. Der römische Gouverneur Laurentius wurde – nach einigen Wunderheilungen – von Johannes bekehrt. Er ließ ihn nach einigen Jahren frei. So kam Johannes wieder zurück nach Ephesus. Dort wurde er zum geistigen Führer eines größeren Verbundes christlicher Gemeinden.[53] Das ergibt sich aus seinem dritten Brief, in dem auch von einem einflussreichen Gegner die Rede ist.[54]

Die Legende berichtet, dass man ihm einen Giftbecher gab: Das Gift konnte ihm aber nichts anhaben. Darum wird er oft – seit dem vierzehnten Jahrhundert – mit einem Becher abgebildet, aus dem sich eine Schlange erhebt. Die luziferische Erkenntnis – symbolisiert durch die Schlange – wird von Johannes mit der Kraft Christi in Weisheit umgewandelt.

Philippus kämpfte in Hierapolis lange Zeit vergeblich gegen den dortigen Schlangenkult. Erst mit Hilfe des Johannes konnte die große Schlange besiegt werden. Anschließend zog Johannes mit Philippus nach Chonae – nahe Laodicea und Kolossae – an einen Ort mit Namen Chairotopa – Freudenstatt.[55] Daselbst empfingen die beiden Jünger die erste christliche Michael-

Offenbarung, und sie verkündeten das Erscheinen des Erzengels. Daraufhin entsprang an dem Ort ein heilkräftiger Quell, an dem später die erste Erscheinung des Erzengels Michael bezeugt ist und als «Wunder von Chonae» in der Ikonenmalerei vielfach dargestellt wurde.[56]

In Ephesus war einer seiner Schüler Polykarp, der – nach Tertullian – von Johannes als Bischof von Smyrna eingesetzt wurde.[57] Ein anderer war Papias von Hierapolis (60/70 – 120/130), von dem Eusebius (um 300) in seiner Kirchengeschichte ein Schreiben überliefert hat, in dem ein Presbyter Johannes, den er seinen Lehrer nennt, von Johannes aus dem Kreis der zwölf Apostel unterschieden wird. Dieser Hinweis auf den Presbyter Johannes darf als ältestes Zeugnis für das Wirken des vierten Evangelisten in Ephesus in Anspruch genommen werden: «Kam einer, der den Älteren gefolgt war, dann erkundigte ich mich nach den Lehren der Älteren und fragte: ‹Was sagte Andreas, was Petrus, was Philippus, was Thomas oder Jakobus, was Johannes oder Matthäus oder irgendein anderer von den Jüngern des Herrn, was dann ja auch Aristion und der Presbyter Johannes, ebenfalls Jünger des Herrn, sagen.› Denn ich war der Ansicht, dass aus Büchern geschöpfte Berichte für mich nicht denselben Wert haben können wie das lebendige und beständige mündliche Zeugnis.»[58]

Johannes schrieb zu Ephesus sein Evangelium im höchstem Alter und starb wohl kurze Zeit nach der Jahrhundertwende. Er soll sich selbst ins Grab gelegt haben mit den Worten, die der Auferstandene zu den Jüngern gesprochen hat: «Der Friede sei mit euch, meine Brüder.»[59] Das war – nach der Legende – am Tag Johannes des Täufers.

Polykrates, Bischof von Ephesus, schrieb gegen Ende des zweiten Jahrhunderts an den römischen Bischof Victor. «Denn auch in Asien haben große Sterne ihre Ruhestätte gefunden, welche am Jüngsten Tage bei der Wiederkunft des Herrn auferstehen werden. An diesem Tage wird der Herr mit Herrlichkeit vom Himmel kommen und alle Heiligen aufsuchen: nämlich Philippus, einen der zwölf Apostel, der in Hierapolis ruht, mit seinen beiden bejahrten, im jungfräulichen Stande gebliebenen Töchtern, während eine andere Tochter, die im Heiligen Geiste wandelte, in Ephesus entschlafen ist, und Johannes, der an der Brust des Herrn lag, den Stirnschild (πέταλον) trug, Priester, Glaubenszeuge und Lehrer war und in Ephesus zur Ruhe eingegangen ist.»[60]

Auch die Legende vom Tod des Johannes bestätigt die Rede: «Dieser Jünger stirbt nicht.» Denn wie er – aus dem Vatergott geboren – in Christo seinen Leib ablegt, so kann er ihn auch – mit der Kraft der Wiedergeburt im Geist, die er erlebt hat – wieder auferbauen: zur Wiedergeburt im Leib.

Der Wiedergeburt im Geist folgt die Wiedergeburt im Leib. Buddha hat die Welt verlassen. Lazarus-Johannes inkarniert sich immer wieder.[61] Ganz nah bleibt er dem Christus, der durch Inkarnation, Tod und Auferstehung zum Erlösergeist der Erde geworden ist.

Nachwort:

Blick auf Goethes «Faust» und Fichtes «Anweisung zum seligen Leben»

Beim spirituellen Ostererleben seines «Faust» spricht Goethe von bestandener Prüfung. Damit bringt er zum Ausdruck, dass der Passionsweg Christi von Faust als Initiation erlebt wird. Faust kam zu einer Art Todeserleben und hört dann den Chor der Engel, der Freude zum Ausdruck bringt über Christi Auferstehung und Faustens Befreiung von «Mängeln». Die Frauen klagen noch über die Entfernung des Leichnams, und die Engel deuten das Geisterlebnis:

> Christ ist erstanden!
> Selig der Liebende,
> Der die betrübende,
> Heilsam' und übende
> Prüfung bestanden.[62]

Betrübend, heilsam und übend waren die Erlebnisse auf dem Weg. Die Passion ist im Sinne Goethes eine Übung mit heilsamer Wirkung. Sie ist auch eine Seelenprüfung. Heilung bedeutet: Faust hat die Prüfung bestanden.

Die Seelenprüfungen sind für jeden Menschen unterschiedlich. Aber die Stufenfolge ist urbildlich und damit im Prinzip gleichbleibend.

Nach dem Ostererlebnis macht sich Faust daran, das Johannesevangelium zu übersetzen. Er kommt allerdings nicht weit. Was heißt «Logos»? Zwischen Wort, Sinn, Kraft und Tat kann er sich nicht entscheiden:

Geschrieben steht: «Im Anfang war das Wort!»
Hier stock' ich schon. Wer hilft mir weiter fort?
Ich kann das Wort so hoch unmöglich schätzen,
Ich muss es anders übersetzen,
Wenn ich vom Geiste recht erleuchtet bin.
Geschrieben steht: Im Anfang war der Sinn.
Bedenke wohl die erste Zeile,
Dass deine Feder sich nicht übereile!
Ist es der Sinn, der alles wirkt und schafft?
Es sollte stehn: Im Anfang war die Kraft.
Doch, auch indem ich dieses niederschreibe,
Schon warnt mich was, dass ich dabei nicht bleibe.
Mir hilft der Geist! Auf einmal seh' ich Rat
Und schreibe getrost: Im Anfang war die Tat.[63]

Alle vier von Faust erprobten Bedeutungen sind im griechischen Begriff «Logos» enthalten; und man ist als Leser gespannt, was ihm zu «Pleroma» einfallen wird. Doch schon bei der Übersetzung der ersten Zeile des Prologs wird Faust vom Teufel gestört. Mit dem Kruzifix kann er ihn noch in die Enge treiben und gehörige Pein verursachen, doch dann kommt es – entsprechend der Wette von Gott und Teufel – zum Pakt, und das Drama nimmt seinen Lauf. Es war allerdings höchste Zeit; denn wenn Faust das Johannesevangelium weiter meditiert hätte, wäre sein Weg wohl anders verlaufen.

Johann Gottlieb Fichte jedenfalls kam einen Schritt weiter, indem er Goethes Tat-Verständnis zur Liebe steigerte: «Im Anfange, höher denn alle Zeit, und absolute Schöpferin der Zeit, ist die Liebe; und die Liebe ist in Gott, denn sie ist sein Sich-selbst-Erhalten im Dasein; und die Liebe ist selbst Gott, in ihr ist er und bleibet er ewig, wie er in sich selbst ist. Durch sie, aus ihr als Grundstoff, sind vermittelst der lebendigen Reflexion alle Dinge gemacht, und ohne sie ist nichts gemacht, was gemacht ist; und sie wird ewig fort in uns und um uns herum Fleisch, und wohnt unter uns, und es hängt bloß von uns selbst ab, ihre Herrlichkeit als eine Herrlichkeit des ewigen und notwendigen Ausflusses der Gottheit immerfort vor Augen zu erblicken.»[64]

Wer, nach Fichtes Aufforderung, das Sein scharf denkt, befindet sich auf dem Wege der Angleichung an Gott: Er wird durch Liebe sehend. Aber Gott hat dem Denker schon immer zugerufen: Erkenne dich selbst! Plotin fragte: Bin ich dann Zwei? der Denker und der, der sich denkt? und erlebte sich solchermaßen – denkend – in der Dreieinheit.

Mit der Erarbeitung der Evangelien gewinnt der Mensch Anteil am ewigen Evangelium.

Im Anfang war der Rückzug: das große Atemholen.

Nürnberg, Michaeli 2010   *Manfred Krüger*

Anhang

Anmerkungen

Zum 1. Teil:
Betrachtungen zum Johannesevangelium

1 Auf den Sohn des Zebedäus hat sich die Vatikanische Bibelkommission am 29. Mai 1907 festgelegt. – R. Schnackenburg, 2001, 1, S. 85, spricht in Bezug auf die Verfasserfrage von einem «geistreichen Rätselraten». Besonders abwegig ist die These von A. Kragerud, 1959, der im Jünger, den der Herr lieb hatte, nur eine Symbolgestalt für die Wanderpropheten sah, vergleichbar jener von R. Bultmann, 1941, S. 369 (Personifikation des Heidenchristentums). E. Käsemann, 1967, 9: «Die kritische Forschung hat die traditionelle Meinung zerschlagen, das 4. Evangelium sei vom Apostel Johannes geschrieben worden. Sie hat uns aber keinen akzeptablen Ersatz für diese überholte Sicht geboten.»
2 Selbst Emil Bock, ein Schüler Rudolf Steiners, hatte Schwierigkeiten, sich von dem 1800 Jahre alten Irrtum zu verabschieden. E. Bock: Das Evangelium, Betrachtungen, Band 2. Stuttgart o. J., S. 153 (Johannes, Sohn des Zebedaeus, «im Evangelium Lazarus genannt») und Die drei Jahre, 1948, S. 100.
3 Pierson Parker: John the Son of Zebedee and the Fourth Gospel. In: Journal of Biblical Literature, LXXXI, 1962, S. 35–43. – Vgl. auch Kümmel: Einleitung in das NT. – O. Cullmann, 1975, S. 67 ff. – M. Krüger, 2003, S. 226.
4 Acta 4, 13. (Der Hohepriester und die Oberen) «sahen aber den Freimut des Petrus und Johannes und wunderten sich; denn sie merkten, dass sie ungelehrte und einfache Leute waren, und wussten auch von ihnen, dass sie

mit Jesus gewesen waren.» – Vgl. auch E. Schürer, in: Rengstorf, 1973, S. 20.
5 Amelius, Methodius u. a.
6 Mk 3, 17. «und gab ihnen den Namen Boanerges, das heißt: Donnersöhne.»
7 Jo 16, 32.
8 Jo 18, 15. Der «andere Jünger» ist nach Jo 20, 2 – 8 mit dem Jünger, den der Herr liebte, identisch. Er weiß Einzelheiten des Vorverhörs durch Hannas und kennt sogar den Namen des Knechtes, dem Petrus ein Ohr abschlägt.
9 Eduard Schwartz, mit Zustimmung von Julius Wellhausen und Ernst Käsemann (aber auch Kritik von Friedrich Spitta): «Als historische Tatsache muss demnach angesehen werden, dass Jakobus und Johannes im Jahre 43 oder 44 auf den Befehl des Königs Agrippa hingerichtet sind.» (Der Tod der Söhne Zebedaei, 1904). – Vgl. auch Kümmel, 1983, S. 209.
10 Rengstorf (Hrsg.), 1973, S. 202.
11 So auch O. Cullmann, 1975, S. 79.
12 Vgl. M. Krüger, 2003.
13 J. Ratzinger (Benedikt XVI.): Jesus von Nazareth, 2007, S. 268. – Die traditionelle Sicht bestätigt J. Colson, 1969. – «An der Verfasserschaft des Apostels Johannes ist kein Zweifel möglich.» (A. Feuillet, 1964, S. 597) «Im Kreise der drei nächsten Vertrauten Jesu muss er gesucht werden.» (F. Büchsel, 1946, S. 23).
14 Auf die Identität des «Jüngers, den der Herr lieb hatte», mit Lazarus hat im Jahre 1900 Johannes Kreyenbühl hingewiesen; grundlegend dann Rudolf Steiner 1902 in seinem Werk «Das Christentum als mystische Tatsache und die Mysterien des Altertums», 2. Aufl. 1910. Dieses Werk hat eine Schlüsselfunktion in Steiners Gesamt-

werk: Es zeigt den Übergang von den alten Mysterien zum christlichen Mysterium. Die Erweckung des Lazarus spielt dabei eine entscheidende Rolle. Kreyenbühl sieht im Unterschied zu Steiner in Lazarus-Johannes nicht den Verfasser des Johannesevangeliums. – Vgl. auch R. Meyer, 1962; Kurt von Wistinghausen, 1983. Reinhard Nordsieck, 1998, S. 5, meint, «dass in der Lazarus-Perikope der Name Lazarus dem geliebten Jünger sekundär übergestülpt worden ist».

15 Mk 10, 17–27: «Jesus sah ihn an und gewann ihn lieb ...». Vgl. auch Mt 19, 16 – 26 und Lk 18, 18 – 27.

16 Vgl. Jo 18, 15. «Dieser Jünger war dem Hohenpriester bekannt und ging mit ihm hinein ...» Auch König, 1963, 21, Hemleben, 1972, 19 ff., Wistinghausen, 1983, 51 ff. und Nordsieck, 1998 (ohne seine Vorgänger zu erwähnen), identifizieren den reichen Jüngling mit Lazarus-Johannes.

17 Mk 10, 38–40.

18 Es gibt eine Überlieferung, nach der auch das Markusevangelium ursprünglich die Perikope von der Lazaruserweckung enthalten haben soll. Vgl. A. Welburn, 1992.

19 Vgl. auch die Verleihung der «neuen Namen» in der Apokalypse.

20 Die Apk wurde ihm zugeschrieben von Josephine M. Ford, 1975. Zustimmung fand ihre These aber nicht. Immerhin hat sie auf die Nähe der beiden Johannes nachdrücklich aufmerksam gemacht.

21 Lk 7, 28.

22 Die Nähe der beiden Johannes betont auch Oscar Cullmann (1958), 1966, S. 260 ff. In der Kunstgeschichte treten sie häufig als die «beiden Zeugen» auf.

23 Vgl. Karl König, 1963. – S. O. Prokofieff, 2004. – W.-U. Klünker, 2006. – Für Novalis wurde die Wesensdurch-

dringung zum dichterischen Erlebnis; vgl. M. Krüger, 2008.
24 Man beachte z. B. den sehr kostbaren Sarg in der Darstellung der Erweckung des Lazarus von Hermann Limburg (Très riches Heures).
25 Jo 18, 15 f. Die Identität des «anderen Jüngers» mit dem Jünger, den der Herr liebte, wird heute von vielen Forschern angenommen. Vgl. J. Ratzinger: Jesus, 2007, S. 263 f.
26 Nach der Legende starb Johannes der Evangelist am Tag Johannes des Täufers.
27 Botticelli: Thronende Madonna zwischen den beiden Johannes. Berlin: Gemäldegalerie.
28 Siehe das entsprechende Kapitel, S. 213 ff.
29 Irenaeus: Haer. I, 1, 19. – Vgl. Kümmel: Einleitung in das NT, 1983, S. 204 – 205.
30 O. Cullmann, 1975, S. 71. – So auch noch J. Ratzinger (Benedikt XVI.): Jesus von Nazareth, 2007, S. 265 und der Jurist und – an Bultmann orientierte – Theologe R. Nordsieck, 1998, S. 21.
31 Gal 1, 11–12.
32 1 Kor 15, 8–9. Vgl. auch 1 Kor 9, 1: «Bin ich nicht frei? Bin ich nicht ein Apostel? Habe ich nicht unseren Herrn Jesus gesehen?» Die Zwölf haben den Herrn mit sinnlichen Augen gesehen, Paulus hat ihn mit dem geistigen Auge gesehen.
33 Später, im Zuge der Einengung des Apostelbegriffs, hat man den Herrenbruder mit Jakobus dem Jüngeren gleichgesetzt.
34 Jo 18, 15.
35 Vgl. das Kap. «Der Weg des Johannes».
36 Vgl. Jo 19, 35. – 1 Jo 1.
37 Vgl. M. Krüger: Dürer, 2009, Kap. «Wer ist der Dreizehnte?»

38 Die Bilder waren 1991 in Vaduz ausgestellt. Sie gehörten früher zur Sammlung Larderel in Livorno.
39 Vgl. die «Kreuzigung» seines Bruders Nardo, um 1350, in den Uffizien.
40 Im Anschluss an Johannes formuliert Novalis: «Es gibt nur einen Tempel in der Welt, und das ist der menschliche Körper. Nichts ist heiliger als diese hohe Gestalt.» (Fragment 1330, Kamnitzer).
41 Zur Ebenbild – Gleichnis – Thematik vgl. M. Frensch: Weisheit in Person, 2000.
42 1 Kor 3, 16.; auch 1 Kor 6, 19.
43 Auf zahlreiche Parallelen zu gnostischen Initiationsschriften im Corpus Hermeticum (Poimandres, De Regenerationale) hat C. H. Dodd in seinen Interpretationen zum Johannesevangelium aufmerksam gemacht.
44 Siehe das entsprechende Kapitel, S. 234 ff.
45 Die Stoa unterschied innerseelischen und geäußerten Logos.
46 Xenophanes von Kolophon (um 570 – 475): Fragment 25 (Diels/Kranz).
47 Gen 1.
48 Heraklit von Ephesos (um 500 v. Chr.): Fragment 1 (Diels/Kranz, Übers. mk).
49 Weisheit 9, 1.
50 Weisheit 9, 4.
51 Spr 8, 22. Origenes übersetzt «gezeugt» statt «geschaffen». Luthertext, 1984: «Der Herr hatte mich schon ...»
52 Spr 9, 1.
53 Lk 3, 23.
54 BJ. Ps 2, 7. Lk 3, 22 D, auch Ebionäerevangelium.
55 Die Verklärung auf dem Berge, bei der auf die Taufe Bezug genommen wird, kann der Evangelist nicht bezeugen, weil er nicht anwesend war. Der Sohn des Zebedaeus, der

dritte Johannes, kann sie wenigstens bis zu einem gewissen Grade bezeugen: «zwischendurch erwachend» (Lk 9, 32). Johannes der Täufer kann sie durch geistige Anwesenheit bezeugen (als Elias). Vgl. M. Krüger, 2003. Zur Bedeutung des Bezeugens vgl. 1 Jo 5, 7 und Anm., auch Apk 3, 14. 11, 3 ff.

56 Fichte bezeichnet 1806 den Prolog als «den Geist und die innigste Wurzel von Jesu ganzer Lehre». (Fichte, 1962, S. 93).

57 Die Geburtsgeschichte nach Matthäus ist mit derjenigen nach Lukas nicht zu harmonisieren. Es sind zwei verschiedene Geschichten. Vgl. hierzu: D. Lauenstein: Der Messias, 1971; E. Weymann: Zepter und Stern, 1993.

58 Die Bedeutung der Mitte hat Oscar Cullmann hervorgehoben: Christus und die Zeit, 2. Aufl. 1948; auch Lauenstein, 1971, S. 356 f.

59 Genannt seien: Die beiden Kindheitsgeschichten, die Versuchung in der Wüste, die Erweckungen der Tochter des Jairus und des Jünglings zu Nain, die Verklärung auf dem Berge, das Gebet in Gethsemane.

60 Jo 1, 14. Wer die Monate zählt (29 – 30 Monde), kommt auf annähernd 2 1/3 Jahre. Wer die «drei Tage» (Freitag, Samstag, Sonntag) auf Golgatha nachrechnet, kommt auf 38 – 40 Stunden. Vgl. auch Bock, 1948, S. 108 f., Edwards, 1978. Schnackenburg spricht im Kommentar zu 2, 13 ebenfalls von zwei Jahren und einigen Monaten für das öffentliche Wirken Christi. – Dagegen datiert R. Meyer, 1962, S. 95, die Taufe auf den 6. Januar 30, so dass in seiner Sicht – mit Frieling – das Erdenwirken des Logos 3 1/3 Jahre währte.

61 Die Einleitungsformel «Am dritten Tag» muss nicht auf die vorangehende Begegnung mit Nathanael bezogen werden. C. H. Dodd, 1953, hat eine Beziehung zum

Auferstehungsmorgen hervorgehoben. – Der von den Synoptikern berichtete Rückzug in die Einsamkeit, mit den drei Versuchungen, hat wohl vor der Hochzeit zu Kana stattgefunden.

62 In der östlichen Überlieferung: Samstag vor Palmsonntag. Als allgemeiner Gedenktag gilt der 17. Dezember. Vgl. R. Steiner: Kalender 1912/13.

63 Vgl. 7, 30. 8, 20. 10, 39.

64 Vgl. Sir, 20, 7: «Der Weise schweigt bis zur rechten Zeit, / der Tor aber achtet nicht auf die rechte Zeit.»

65 Was hier nur kurz angedeutet werden kann, habe ich ausführlich dargestellt in meinem Buch «Ichgeburt», 1996.

66 Zahlen können nichts beweisen, aber deutliche Hinweise geben. So kommt das Wort ἀλήθεια – Wahrheit (wörtlich: das Unvergessene) bei Mt einmal, bei Mk und Lk je dreimal, im Johannesevangelium aber 25-mal vor. Ergänzend: ἀληθής bei Mt und Mk je einmal, bei Lk überhaupt nicht, im Johannesevangelium aber 13-mal; ἀληθινός bei Mt und Mk überhaupt nicht, bei Lk einmal, im Johannesevangelium neunmal. Hinzu kommt, dass die Stellen bei den Synoptikern im Unterschied zu Johannes «kein theologisches Gewicht» haben (R. Schnackenburg, 2000, Bd. 2, S. 266).

67 Weitere Untersuchungen zur Wahrheitsfrage in M. Krüger: Das Ich und seine Masken, 1997.

68 Vgl. Nikolaus von Kues, Predigt CXXVI.

69 Vgl. Origenes: De principiis. Krüger, 1998, S. 108 ff.

70 Mt 12, 31 f. Ähnlich Mk 3, 29 und Lk 12, 10. Auch EvTh Log 44.

71 Nach Jes 11, 2.

72 Christus sagt gelegentlich zu seinen Jüngern: Ihr versteht jetzt nicht – erst später, das heißt: wenn der Geist als Helfer wirksam wird.

73 Johannes zeigt einen Weg zu Christus, den jeder einzelne Mensch gehen kann, auch in «heidnischen» Zusammenhängen. Darum enthalten die johanneischen Schriften keine Kirchen- oder Sakramentenlehre, wohl aber eine Geistlehre. Der Geist kann in jedem Einzelnen das Verständnis für Christus als Weg zum Vater wecken und dabei Gemeinschaft bilden: Geistgemeinschaft. Vgl. den ersten Johannesbrief.
74 Vgl. Fichte, 1806: «Dieser Glaube aber ist ihm (Jo) ganz dasselbe, was wir den Gedanken genannt haben: die einzig wahre Ansicht unserer selbst und der Welt in dem unveränderlichen göttlichen Wesen.»
75 Schelling: Philosophie der Offenbarung, 24. Vorlesung (I, 15).
76 Vgl. auch 1, 12 und 1 Jo 3, 23.
77 Die Jünger: «Wir verstehen seine Rede nicht.» (16, 18).
78 Nikolaus von Kues, Predigt CXXXV. – «Im Erkenntnisglauben wird nicht nur die Subjekt-Objekt-Grenze überwunden, sondern ihm entspringt auch tätige Produktivität.» (Kienle, 1983, S. 78).
79 J. G. Fichte, 1806. Ed. Lauenstein, 1962, S. 163.
80 R. Steiner: Die Philosophie der Freiheit, 2. Aufl. 1918, c. 8.
81 Goethe: Wilhelm Meisters Lehrjahre, 6, Bekenntnisse einer schönen Seele.
82 Vgl. c. «Johannes am Herzen des Herrn».
83 Das Gebot wird später noch zweimal wiederholt: 15, 12 und 15, 17.
84 3, 35. 5, 20. 10, 17.
85 Origenes: De principiis, I, 2, 8.
86 Vgl. Apk 1, 5: «Ihm, der uns liebt und uns erlöst.»
87 «Die Welt» wird vom Widersacher beherrscht. Vgl. 1 Jo 2, 15: «Liebt nicht die Welt ...» – Christus liebt die Welt

nur insofern er eins ist mit dem Vater und dem Heiligen Geist.
88 1 Jo 3, 14.
89 1 Jo 4, 8.
90 Die paulinische Trias heißt Glaube, Liebe Hoffnung, vgl. den ersten Korintherbrief.
91 Fichte, 1962, S. 17. Noch genauer führt er aus: «Das Leben ist Liebe, und die ganze Form und Kraft des Lebens besteht in der Liebe und entsteht aus der Liebe.» (S. 13).
92 Fichte: Anweisung, 10. Vorlesung.
93 Novalis: Fragmente, ed. Kamnitzer, Dresden 1929, Nr. 1745. «Die Liebe ist der Endzweck der Weltgeschichte, das Amen des Universums.»
94 Fichte, 1962, S. 157.
95 Im Johannesevangelium bezeichnet sich Jesus zwölfmal als Menschensohn: 1, 51. 3, 13. 3, 14. 5, 27. 6, 27. 6, 53. 6, 62. 8, 28. 9, 35. 12, 23. 12, 34. 13, 31. Über das Johannesevangelium gelangte der Titel in die Gnosis. Doch gab es auch eine esoterische Tradition von Mund zu Ohr (vgl. 2 Jo 12. 3 Jo 13 f). Cullmann, 1958, 143: «Die Erwartung eines ‹Menschensohnes› scheint ... vor allem in esoterischen Kreisen gepflegt worden zu sein.» Vgl. auch Schnackenburg, 2000, Exkurs 5.
96 Hebr 5, 6. 10. 6, 20. 7, 1 ff.: Melchisedek «ist ohne Vater, ohne Mutter, ohne Stammbaum, und hat weder Anfang der Tage noch Ende des Lebens». Danach ist das Priestertum Christi – wie ja auch sein Königtum – rein geistiger Art.
97 Jo 12, 13–15. Sach 9, 9.
98 Hen 48, 2. 6.
99 Steiner nennt ihn die «Schwesterseele des Adam», oder auch «das ‹Ich› des Adam *vor* seiner ersten irdischen fleischlichen Verkörperung». (GA 131, 12. 10. 1911).

ANMERKUNGEN

100 Lk 3, 22 D, nach BJ die bessere Lesart – gegenüber Luther und Einheitsübersetzung.
101 1, 4. 3, 15 f. 4, 14. 6, 35 und öfter.
102 1 Jo 1, 23.
103 Die Nikodemus-Perikope ist das Vorbild für Nikolaus von Kues, den gelehrten Kardinal, der sich im 15. Jahrhundert auf dem Marktplatz von Rom von einem Löffelschnitzer belehren lässt. Es sei auch an Johannes Tauler erinnert, der im 14. Jahrhundert von einem Gottesfreund eingeweiht wurde.
104 Origenes hat aus diesem Ansatz seine Lehre von der Apokatástasis entwickelt. Vgl. M. Krüger, 1996.
105 Dtn 1, 17.
106 Mt 10, 5.
107 Vgl. 7, 37 f. – EvTh, 108: «Wer aus meinem Mund trinkt, wird werden wie ich, und ich werde wie er, und die verborgenen Dinge werden sich ihm offenbaren.»
108 Alle Missverständnisse im Johannesevangelium – der Juden 2, 20, des Nikodemus 2, 4, der Jünger 4, 33 u.a. – entstehen aus dem Eingebundensein der Seelen in die sinnlich-vergängliche Welt.
109 Vgl. die Irrlehrer der Johannesbriefe.
110 Schlatter: «Da ihr Jesus sagt, sie sei Ehebrecherin, heißt er sie des Todes schuldig.» Bultmann spricht vom «Eheleben der ‹von Begierde zu Genuss taumelnden› Frau», Schnackenburg von «moralischer Gesunkenheit». Hoskyns: «He has laid bare her sin.» Nichts von alledem steht im Johannesevangelium.
111 Origenes: Johanneskommentar, 13. Buch.
112 R. Steiner: Vortrag, 21. 11. 1907.
113 2 Kön 17, 24 – 41. Der Historizität, die Schnackenburg in seinem Kommentar betont, wird durch allegorische Schriftauslegung nicht widersprochen. – Die Allegorese

gehörte zur bevorzugten Methode in den gnostischen Strömungen im Umkreis des Johannes.
114 θεωρέω – (ich) erschaue.
115 C. H. Dodd, 1953, 342, nennt sie «verba visibilia». – Die Bedeutung der Zahl Sieben für Johannes ist offenkundig. E. Lohmeyer, 1928, hat sie im Gesamtzusammenhang als strukturbildend herausgearbeitet. Dagegen R. Bultmann (1941), 1963, S. 78: «Von der Bedeutung der Siebenzahl für Johannes kann ich nichts bemerken.» Bultmann kann sich auch nicht vorstellen, dass der Autor seine eigene «Quelle» sein könnte (genauer: der Heilige Geist) – und konstruiert eine «Zeichenquelle». Barrett, der Bultmann im Übrigen schätzt, meint dazu: «Es mag so gewesen sein; aber ich sehe keinen Beleg, der beweist oder tatsächlich beweisen könnte, dass dies auch so war oder die Hypothese gar eine solche Wahrscheinlichkeit für sich hätte, dass sie ein wertvolles exegetisches Werkzeug sein könnte» (S. 37). Auch «die Verwendung einer Redenquelle durch Johannes lässt sich so wenig beweisen wie sein Gebrauch einer Zeichenquelle» (S. 38).
116 Vgl. E. Käsemann, 1965: «Die Macht der Gottheit ... wirkt zwar das Menschen Unmögliche, aber doch nicht das prinzipiell Unmögliche. Sie erregt Staunen, Befremden, Entsetzen, hebt aber nicht die irdische Realität auf, in welche sie einbricht. Macht man sich das klar, so begreift man, dass der antike Wunderbegriff nicht wie der unsrige primär an aufgehobener Kausalität, sondern an dem Ereignis der Epiphanie orientiert ist.» (S. 227).
117 Die distanzierenden Worte des Sohnes kommentiert Augustinus, 8, 6: «Warum hast du (Johannes) zu ihm die Mutter gesetzt, die er nicht anerkennt?»
118 «Blut ist ein ganz besonderer Saft.» Goethe: Faust, V. 1740.

119 Spr 23, 31 f.
120 Amos 9, 13.
121 Origenes: In Jo XIII, 62, 438. Ähnlich dann auch Augustinus, 9.
122 Der Hauptmann in der ähnlichen Geschichte bei Lukas schickt eine Gesandtschaft.
123 Ob die Geschichte als Variante von Mt 8,5-13 und Lk 7,1–10 oder davon unabhängig zu betrachten ist, darüber besteht unter den Auslegern seit der frühen Väterzeit keine Einigkeit.
124 Augustinus, 17, 2.
125 «Gib uns jeden Tag unser notwendiges Brot.» Lk 11, 3.
126 Nur für das Jüngerbewusstsein hat sich zwischenzeitlich die fünfte Zeichentat ereignet.
127 E. Bindel, 1977, S. 148.
128 Eucharistía – Dankerweisung.
129 Etwa 10–12 km.
130 Nach Flavius Josephus hatte der See damals eine Größe von etwa 8 x 27 km.
131 Ex 3, 14.
132 Mt 14, 22 – 33. – Die «Stillung des Sturms» nach Mk 4, 35 – 41, von der auch Mt und Lk berichten, ist eine andere Begebenheit. Vgl. Krüger, 2010.
133 Thomas von Aquin: Summe der Theologie, 3. Buch, Frage 55, 2. Artikel: «Resurrectio Lazari quoddam indicium resurrectionis futurae Christi fuit.»
134 R. Steiner, GA 112, 4. Aufl. 1959, S. 177.
135 Lk 7, 37.
136 BKV. Augustinus, Band 5. Kempten 1913, S. 714 (306).
137 Vgl. H. Guratzsch: Die Auferweckung des Lazarus in der niederländischen Kunst von 1400 bis 1700. Kortrijk 1980. Bd. 1, S. 173 ff.

138 Augustinus 34, 8.
139 Die Schwestern (11, 3) und die Juden (11, 36) sprechen von Philia: freundschaftlicher Liebe. Das Wort des Evangelisten – ἠγάπα – wirkt hier korrigierend: Die Beziehung Christi zu Lazarus ist durch Agape, die höchste Liebe gekennzeichnet.
140 Bei einem gewöhnlichen Tod wäre der Körper des Lazarus nach der Sitte einbalsamiert worden. Das war offensichtlich nicht der Fall.
141 Origenes: Bethabará (In Jo VI, 40).
142 Darauf hat auch M. Frensch aufmerksam gemacht in seinem Beitrag über «die Trinität in johanneischer Sicht» beim 7. Sophia-Kolloquium in Nürnberg, 23. 4. 2010.
143 Beim Tode löst sich der Lebensleib vom physischen Körper. Aber ungefähr drei Tage lang bildet er noch in lockerer Verbindung, von außen, eine Art Lebenshülle.
144 Beide wirken künftig eng zusammen. Das zeigt sich auch in der Kunstgeschichte. Ihr Zusammenwirken hat W.-U. Klünker, 2006, untersucht.
145 Vgl. R. Steiner: Der Seelen Erwachen, 1913, Ägyptische Szene. In: Vier Mysteriendramen, GA 14.
146 Origenes spricht in diesem Zusammenhang vom Hegemonikón, dem «Innersten der Hüllen, wo das Unzugängliche verwahrt ist». Vgl. M. Krüger, 1996, S. 98 ff. – W.-U. Klünker, 2006, 126 f., formuliert: «Diese Logos-Kraft ist durch die Auferweckung des Lazarus zu einer Ich-Kraft des Menschen geworden, die zum ersten Mal in Johannes erscheint. Indem der in Christus Ich gewordene Logos Lazarus auferweckt, ist dieses Ich des Johannes mit den Logos-Kräften versehen, solange es sich in der geistigen Beziehung zum Logos hält.» Dieses Sich-in-Beziehung-Halten ist Ich-Kraft des Lazarus-Johannes, die zur wechselseitigen Selbsterkenntnis führt.

147 Diese Tränen haben nichts mit Schwäche zu tun, sie sind vielmehr Ausdruck stärkerer Gotteskraft.
148 Auch Barrett, 1990, S. 56, betont auf Grund der Forschungen von Bultmann, Wilson, Jonas, Reitzenstein u.a., «dass Joh mit ähnlichen Voraussetzungen und entlang ähnlichen Linien wie die hermetischen Autoren arbeitete». Vgl. R. Steiner, 1910. E. Bock, 1948, S. 220–223; R. Frieling, 1982, S. 235 – 246.
149 «Vox spiritualis aquilae.» Johannes Scotus Eriugena: Homelie über den Prolog des Johannes. Ed. Jeauneau, 1969, S. 200. PL 122, 283 B.
150 Vaticana. Cod. Barb. G. 372. – G. Schiller, I, Nr. 568.
151 W. Schneemelcher, Band 1, Evangelien, 1990, S. 416.
152 Vgl. G. Schiller, I, Nr. 561.
153 Hermes trägt diesen Stab, wenn er die Verstorbenen aus dem Hades hervorholt (vgl. LCI).
154 Die verfehlte Deutung des Augustinus begründet eine lang anhaltende Tradition, die den Blick auf Johannes den Evangelisten verstellt.
155 K. Martin, 1975.
156 F. Mütherich und K. Dachs, 2001 (1978).
157 M. Krüger, 2003.
158 Vgl. die Abb. in G. Schiller, I, Nr. 570 und 571.
159 Vgl. G. Schiller, I, S. 192.
160 M. Brandt, 1993.
161 Vgl. das Kapitel «Die Gestalt des Johannes in der Bildenden Kunst».
162 Vgl. Vaticana, Köln 1992/93.
163 Vgl. Bellosi, 1987. In Assisi (Unterkirche) hat Giotto die Auferweckung des Lazarus erneut gemalt.
164 R. Cazelles u. J. Longnon, 1989 (1973).
165 Vgl. H. Guratzsch, 1980, I, S. 26.
166 Jo 2, 19. Vgl. Carolus M. J. H. Smits, 1933, S. 75.

167 Beide Bilder waren für die Kathedrale in Narbonne bestimmt. Raphaels «Verklärung» befindet sich heute im Vatikan, Sebastianos «Lazarus» in der National Gallery in London. M. Krüger, 2003.
168 Es gibt auch einen der Tradition verpflichteten Kupferstich des Bildhauers aus der Krakauer Zeit um 1480–85. Vgl. Veit Stoß – Die Vorträge des Nürnberger Symposions, München 1985 (Fritz Koreny, Abb. 87, S. 145).
169 So Rasmussen, in: Veit Stoß, 1983.
170 Jo 11, 23–27.
171 L. Münz: Rembrandt, 1967.
172 Das hat – nach G. Schiller, Bd. 1, S. 189 ff. – H. Guratzsch herausgearbeitet.
173 Vgl. M. Krüger, 2003.
174 Guratzsch, 1, 150, meint, «während des Gebetes Christi kann die Erweckung noch nicht vor sich gegangen sein». Die Konzeption von Lievens zeigt jedoch genau dies: die Erweckung vor dem Ruf.
175 Vgl. Guratzsch a.a.O.
176 Vgl. C. Hofstede de Groot: Die Urkunden über Rembrandt. Den Haag 1906.
177 Vgl. R. Hughes, 1967. Christian Geelhaar, 2004.
178 Vgl. Braunfels, 1962. Walther u. Metzger, 1997.
179 Hinweis auf einige weitere Darstellungen der Erweckung des Lazarus: Catacombe Sconosciute, Rom, 4. Jh. – Sarkophag, Rom 310 – 40 (Vatikan) – Codex Rossanensis, 6. Jh. (Rossano) – Mosaik, S. Apollinare nuovo, Ravenna, 6. Jh. – Holztür um 1065 (Köln, St. Maria im Kapitol) – Wandmalerei, S. Angelo in Formis, vor 1100 – Deckengemälde, Zillis, 1130 – Tafelbild, Duccio, Siena, um 1310 – Giotto, Wandmalerei 1310 (Assisi, S. Francesco) – Bronzerelief, Ghiberti, Florenz, 1403 – Glasfenster, Dom zu Halberstadt, 15. Jh. – Benozzo Gozzoli, 1497

(Washington) – Geertgen tot Sint Jans, Ende 15. Jh. (Louvre) – Juan de Flandes, um 1500 (Madrid: Prado) – Jan Joest, 1506-08 (Kalkar, St. Nicolai) – Holzschnitt von Hans Schäuffelein, 1533 – Jan van Scorel, um 1540 – Hermann tom Ring, 1546 (Münster) – Georg Pecham, 1595 (Salzburg, Barockmuseum) – Hubert Gerhard, Bronzerelief, 1596 (Freising) – Caravaggio, 1608/09 (Messina) – Pieter Lastmann, 1622 (Den Haag) – Januarius Zick, 18. Jh. (Freising).

180 Vgl. M. Krüger: Novalis, 2008.
181 Eine Kulturepoche dauert etwa 2160 Jahre. In zwölf mal 2160 Jahren wandert die Sonne durch den Tierkreis. Platon nennt diesen Umlauf ein Weltenjahr.
182 Diese Fähigkeit wurde auch Pythagoras zugeschrieben, der über Jahrzehnte hin Gelegenheit hatte, den persischen Kulturimpuls aufzunehmen.
183 Deut 2, 14. «Die Zeit, die wir von Kadesch-Barnea an gewandert waren, bis wir das Tal des Sered überquerten, betrug achtunddreißig Jahre. So lange dauerte es, bis die Generation der waffenfähigen Männer vollständig ausgestorben war.»
184 Heraklit, fr. 115.
185 Mt einmal, Mk zweimal, Lk zweimal (nach Schnackenburg, 2001, Bd. 2, S. 59).
186 6, 35; 8, 12; 10, 9; 10, 11; 11, 25; 14, 6; 15, 5.
187 Vgl. das herrliche Relief in der Severikirche zu Erfurt.
188 In Jo, 1. Buch. I, IV, 21.
189 In Jo, 1. Buch. I, II, 9.
190 Im ersten Buch (I, IX, 52 – 57) zählt Origenes als Gaben aus den Ich-bin-Worten auf: Leben, Licht, Wahrheit, Weg, Auferstehung und Tür und ergänzt sie durch die Dreiheit von Gottes Weisheit, Kraft und Wort.
191 In Jo, 1. Buch. I, IV, 23. Ed. C. Blanc, Band 1, 1966, S. 70.

192 Das hat – Origenes folgend – Meister Eckhart erkannt: «Wir sollen Gottes Bild in uns tragen, und sein Licht soll in uns leuchten, wenn wir ‹Johannes› sein wollen.» (Predigt 15). Die Bedeutung der Identifikation im Sinne des Origenes hebt auch W.-U. Klünker hervor, 2006, S. 72 und 82. – Vgl. auch das Logion EvTh, 108. – Mit Bezug auf die Philosophie Jesu formulierte G. Kienle als sein wichtigstes Prinzip: «Wer sich mit einem anderen willensmäßig identifiziert, kann aus dessen geistigem Quell heraus selbst wirken.» (1983, 74).

193 An anderer Stelle heißt es: «Der gereinigte Geist, der alles Stoffliche überstiegen hat, um die Gottschau lauter zu vollziehen, wird vergöttlicht durch das, was er schaut.» (XXXII, 27. Gögler 394).

194 Meister Eckhart: Predigt 16 (Quint, 1979); auch Pr. 11: «Nun soll der Mensch so leben, dass er eins sei mit dem eingeborenen Sohne und dass er der eingeborene Sohn sei.» – Eriugena hat über den «mystischen Adler» in seiner Homilie zum Johannesprolog geschrieben: «Non enim aliter potuit ascendere in deum, nisi prius fierit deus – Er (Johannes) hätte sich nicht zu Gott erheben können, wenn er nicht zuvor Gott geworden wäre.» (Ed. E. Jeauneau, Paris 1969, S. 222).

195 C. H. Dodd, 1953 und 1963, im Anschluss an A. von Harnack.

196 Vgl. auch Theodor Haering, 1927, S. 69: «Wasser und Blut bezeichnen Anfang und Ende seines Heilandslebens. Was er mit der Taufe begonnen, hat er am Kreuz vollendet.»

197 Diese Lesart, Lk 3, 22 D, bevorzugen die Herausgeber der Bible de Jérusalem.

198 Die meisten Interpreten erklären Jo 6, 52–56 trotz des fehlenden Berichtes von der Einsetzung wie F. Büch-

sel, 1946: «Vom Abendmahl handeln diese rätselhaften Worte.» Aus dem Text geht dies nicht hervor. Das Fleisch ist – vom Prolog her – als Wort zu verstehen.
199 Vgl. Krüger, 1996, S. 93–98.
200 Im Sinne des Johannes bezeichnet R. Steiner das Abendmahl als «Vorschule für die mystische Vereinigung mit dem Christus». (GA 112, 7. 7. 1909). Von einem «geistigen Abendmahl» und einer «Kommunion im Geiste», durch Meditation und Konzentration, sprach er auch am 13. Okt. 1911 (GA 131).
201 G. W. F. Hegel: Phänomenologie des Geistes, 1807. Hegels christliche Dialektik hat sein Schüler Marx nicht verstanden.
202 Leben und Lehre bilden in Christus eine vollkommene Einheit.
203 Christian Morgenstern: Wir fanden einen Pfad, 1914.
204 Goethe: Wilhelm Meisters Wanderjahre, 1821/29.
205 In diesem Sinne hat sich Albrecht Dürer in seinen Selbstbildnissen mehrfach mit dem gegeißelten Christus identifiziert; und so auch mit dem dornengekrönten und dem kreuztragenden Christus.
206 Jo 16, 32.
207 Herders sämmtliche Werke, ed. B. Suphan, Bd. 31, 1889, S. 243 f.
208 Novalis: Geistliche Lieder, VIII.
209 Das Wort γινώσκειν – erkennen wurde im Johannesevangelium 57 mal gezählt, gegenüber Mt 20, Mk 13, Lk 28 mal.
210 In der Frühzeit des Christentums hat die Einung – neben Johannes – nur noch Paulus erfahren, der sie in der Formel «Nicht ich – der Christus in mir» zum Ausdruck bringt. Im Erleben der Einung konnte Paulus das Mysterium der Auferstehung denken.

Zum 2. Teil: Die Briefe des Johannes

Zum 1. Brief

1,1 Arché bedeutet hier wie im Evangelium den absoluten Anfang. – H. H. Wendt, 1922, meint, es handele sich um den Anfang des Christentums im 1. Jahrhundert.
– Das «Wir» steht für «ich».
– Verbo vitae. Vgl. Jo 1, 1 Im Anfang war das Wort, und Jo 1, 4 In ihm war das Leben. Auch Jo 11, 25 und Jo 14, 6.

1,2 πρὸς τὸν πατέρα vgl. Jo 1, 1 πρὸς τὸν θεόν.

1,3 Die Gemeinschaft wird durch den Geist gebildet, der mit Vater und Sohn eins ist. Vgl. auch 1, 7. Die Gemeinschaft ist im Licht der Gottheit gegründet. Schnackenburg, 1965, S. 66 ff. interpretiert die Gemeinschaft des Menschen mit Gott als ein «gegenseitiges Durchdringen»: Sie «muss also mehr sein als ein moralisches Verhältnis; dazu sind die Ausdrücke für das Bleiben göttlichen Seins und Lebens im Menschen auch viel zu real.»

1,4 χαρά = Freude, hierzu Strecker, 1989, 72 f. Die Überlieferung zeigt sowohl «eure» als auch «unsere» Freude. Die gemeinsame Freude ist gemeint. Vgl. Jo 15, 11. – 16, 20 ff. – 17, 13.

1,5 Vgl. Jo 8, 12: «Ich bin das Licht der Welt.» Jo 1, 5. 12, 34 ff.

1,6 Wörtlich: «tun nicht die Wahrheit.» Das Wort ist für Johannes wirkendes Wort. Die Wahrheit ist das Licht der Welt. Als Teilhaber an der Wahrheit werden die Menschen zu Leuchtern.

1,7 Geisterkenntnis und damit verbundene Gemeinschaft mit Gott führt zu geistig gegründeter Gemeinschaft unter Menschen. An solche Gemeinschaften ist der Brief des Johannes gerichtet.

2,1 Johannes schreibt wörtlich « Meine Kinder» oder «Kindlein». Der Ausdruck meint Kinder Gottes, des Vaters. Angeschrieben werden die Mitglieder der christlichen Gemeinschaft. «Für Johannes ist die Kirche konstitutiv und ausschließlich die Gemeinschaft von Menschen, welche Jesu Wort hören und ihm glauben, also die Schar unter dem Worte.» (E. Käsemann, 1967, 74).

– Vgl. Jo 16, 1.

– Paraklet = Helfer, Beistand. Das Wort kommt im NT nur in den johanneischen Schriften vor; im Evangelium als Bezeichnung für den Heiligen Geist. Hier ist Christus der Helfer (Strecker: Fürsprecher).

– Christus verwirklicht die Gerechtigkeit Gottes. In der Apokalypse wird er zum Weltenrichter.

2,6 μένειν = bleiben wurde in 1 Jo 24-mal, im Johannesevangelium 40-mal gezählt (Strecker).

2,7 ἐντολή = Gebot. Vgl. Jo 10, 18. – 12, 49 f. – 13, 34, insgesamt 10 mal, in 1 Jo 14 mal (Strecker).

2,8 Vgl. Jo 13, 34.

2,10 Bruderliebe ist im Sinne des Johannes allgemeinmenschlich zu verstehen. Vgl. 1 Jo 3, 11 – 18. – 4, 20 f. – 5, 1 f. – Jo 15, 13 f. – 20, 17.

2,12 τεκνία = Kinder. Gemeint sind wohl auch hier, wie in 2,1, alle Mitglieder der christlichen Gemeinschaft als Kinder Gottes. So auch Th. Haering, A. Schlatter, R. Schnackenburg, G. Strecker.

– Schnackenburg übersetzt 12 – 14 ὅτι mit «dass». Vgl. V. 8 und 21 (weil).

– Sein Name ist Christus, das Wort Gottes. Vgl. Apk 19, 13.

2,14 παιδία = Kinder. Vgl. 2, 1. 12. Christen, die Gott als Vater kennen (Gotteskinder).

–	2, 12–14: dreimal Präsens, drei mal Aorist. Die zweite Dreiheit ist als Bekräftigung der ersten Dreiheit zu verstehen. Angesprochen sind zunächst alle Mitglieder der christlichen Gemeinschaft, dann differenziert in alte Menschen und Jüngere (Junge bis mittleren Alters).
2,18	Der Ausdruck «Stunde» ist nicht als zeitlich begrenzt zu verstehen. Entscheidend ist die Endgültigkeit. Ankündigung der Apokalypse.
2,20	Wörtlich «Salböl». Vgl. EvPhil 95 : «Wer gesalbt ist, besitzt alles. Er besitzt die Auferstehung, das Licht, das Kreuz und den Heiligen Geist.» EvPhil 74: «Wir werden mit dem Geist gesalbt.»
	Gott heiligt Christus (Jo 10, 36) und Christus heiligt Menschen.
–	Andere Lesart: ihr wisst alles.
2,23	Das Bekenntnis ist die erste Stufe zum wahren Glauben, der die Welt besiegt, vgl. 5, 4.
2,24	Andere Übersetzer schreiben: von Anfang an. Gemeint ist aber auch das Uranfängliche: was ihr vom Wort gehört habt, das im Anfang war.
–	Die Kunde von der Inkarnation des Lógos-Christós.
2,27	Vgl. Jo 14, 26.
2,28	παρρησία = frohes Zutrauen (Dietzfelbinger), Freimut (Strecker), Zuversicht (Schnackenburg).
–	*bei seiner Ankunft* – Parusie.
2,29	Die geistige Abstammung von Christus, entsprechend der leiblichen von Adam, lehrt auch Paulus.
3,1	«Der Aufruf zum Sehen impliziert die Mahnung, sich uneingeschränkt der Gabe der Agape zuzuwenden.» (Strecker, 151, gegen Schnackenburg)
–	Vgl. Jo 1, 12. Im Sinne des Johannes sind wir schon Gottes Kinder, obwohl wir es erst sein werden.

3,2 «Angleichung an Gott» gehört zu den zentralen Lehren Platons. Die Genesis lehrt: Der Mensch wurde als Gottes «Ebenbild» geschaffen. Durch den «Fall» ist er nur noch «Gleichnis». Auf dem Weg des Johannes, also in der Nachfolge Christi, kann er wieder seinen Urzustand erlangen und Gott «gleich» sein (Origenes: Apokatástasis). Die Gottgleichheit ermöglicht auch die Gottesschau. – Vgl. Apk 22, 4.

3,6 Man kann sehen und erkennen, sehen und nicht erkennen; nicht sehen und nicht erkennen, aber auch nicht sehen und erkennen.

3,8 Vgl. Jo 8, 44: «Er war von Anfang an ein Menschenmörder.»

3,9 Der Keim zum Geistleib. – Die meisten Ausleger deuten den Samen Gottes als Wort Gottes. Schnackenburg betont, dass die Unfähigkeit zu sündigen, eine «seinsmäßige Umwandlung» zur Voraussetzung hat.

3,10 Kinder Gottes sind von Gott gezeugt. Kinder des Teufels sind nicht vom Teufel gezeugt, sondern von ihm verführt.

3,11 Vgl. Jo 13, 34: «Liebet einander wie ich euch geliebt.» Jo 15, 12 und 17.

3,14 Liebe ist der Weg zum wahren Leben, nicht erst für die Zeit nach dem Tode oder beim Weltgericht am Ende der Zeiten, sondern schon jetzt.

3,20 καταγινώσκειν = verurteilen. Im NT nur noch Gal 2, 11. Strecker, S. 195, spricht vom «eschatologischen Gerichtsaspekt, der beim Urteil des eigenen Gewissens gegeben ist».

3,24 Vgl. Jo 14, 16, 26; 15, 26; 16, 7 f. 13 f. und Apg 2.

4,2 Der Doketismus bestreitet die Menschwerdung Gottes, das «ins Fleisch Kommen».

4,8 Über 1 Jo 4, 8 – 21 vgl. Meister Eckhart: Sermones, VI.

4,9 Vgl. Jo 1, 18. 3, 16. 18.
– Meister Eckhart kommentiert: «Merckend! Got enhat kein eygner statt dann ein rein hertz und ein reine sel; do gebirt der vatter sinen sun, als er inm in der ewikeit gebirt weder meer noch minder.» Pr. 5 a, Quint 1958).
4,12 Vgl. Ex 3, 22 Wer Gott schaut, stirbt. – Sebastian Franck, Paradoxa, 1534: «Dann gott kent niemandt / dann er sich selbs. Darumb mag gott kurtzumb / von nichts erkant werden / dann von gott / das ist / von jm selbs / durch sein krafft / die man den hailigen gaist nent.» (7, Deum nemo novit, nisi Deus).
4,13 Vgl. 1 Jo 3, 24. 1 Thess 4, 8; Gal 5, 22; Eph 1, 17; 2 Tim 1, 7; Hebr 6, 4.
4,14 τεθεάμεθα meint geistige Schau.
4,16 Meister Eckehart: «Durch das Erkennen nehme ich Gott in mich hinein; durch die Liebe hingegen gehe ich in Gott ein.» (Predigt 7. Ed. J. Quint, 1979). In den Sermones schreibt er im Anschluss an Paulus: Wenn man die Liebe hat, »dann hat man alles, hat man sie nicht, so hat man alles andere vergebens. Sie verhält sich zu den Tugenden wie das Sein zu allem Seienden» (VI, S. 69).
5,1 Aus Gott Gezeugte sind – nach Christus – auch alle Menschenbrüder, die *im Geist* von Christus zu Gott geführt werden. Im Maße als sie dabei Gott erkennen, ohne zu schauen, werden sie aus Gott Gezeugte. Unabdingbare Voraussetzung ist die Anerkennung der Inkarnation des göttlichen Wortes: «dass Jesus der Christus ist».
5,4 πίστις. Der johanneische Glaubensbegriff beinhaltet die Kraft des Heiligen Geistes. Nur mit der Kraft des Geistes kann der Glaube die Welt (κόσμος) besiegen. So gesehen steht der Glaube nicht im Gegensatz zur Erkenntnis. Erkenntnis ist vielmehr die Bedingung

wahren Glaubens. So dachten auch Paulus und an ihn anschließend Sebastian Franck: «Dieses Im-Geiste-Sehen und -Erfahren heißt die Schrift ‹glauben›.» (Paradoxa, 1534, ed. Wollgast 1966, S. 16). – Vgl. c. Glauben, Erkennen, Lieben.

5,6 «Wasser und Blut bezeichnen Anfang und Ende seines Heilandslebens. Was er mit der Taufe begonnen, hat er am Kreuz vollendet.» (Th. Haering, 1927, S. 69). Auf Golgatha floss Wasser und Blut, vom Kreuz herab, in die Erde. Jo 19, 34. Für Johannes wird der Vorgang zum Symbol für die Vereinigung des Christus mit der Erde. Vgl. Mt 28, 20 «Siehe, ich bleibe bei euch alle Tage bis an der Welt Ende.» – Eine von Ambrosius und Augustinus vermutete Beziehung auf die Sakramente Taufe und Eucharistie wird in der neueren Forschung kaum noch erwogen (Strecker, 1989, 272–275: «Der Verfasser des 1 Joh lehrt keinen Sakramentalismus.»).

5,7 Dem Bezeugen wird auch im Johannesevangelium große Bedeutung zuerkannt. Das wird u. a. deutlich im Werk Albrecht Dürers, der lebenslang die Schriften des Johannes meditierte. Vgl. M. Krüger: Albrecht Dürer – Mystik, Selbsterkenntnis, Christussuche, 2009. – Das Verbum «bezeugen» kommt im Johannesevangelium 33-mal vor, in den Briefen 10-mal, im übrigen NT noch 33-mal. Das Substantiv «Zeugnis – μαρτυρία» wurde im Johannesevangelium 14-mal gezählt, in den Briefen 7-mal, im übrigen NT 16-mal (nach Strecker).

5,8 Der Hinweis auf die Einheit der drei Zeugen deutet darauf hin, dass sie vom Wirken der göttlichen Trinität erfüllt sind. Es ist nicht unwichtig, dass der Geist an erster Stelle steht. In Vers 6 wird er als einziger Zeuge genannt.

5,11   Vgl. Jo 1, 4.
5,12   Spr 8, 35: «Wer mich findet, findet Leben.»
5,20   Vgl. Jo 1, 1 und 1, 18.

Zum 2. Brief

1   Presbyter = Leiter der Gemeinschaft, der «Alte» oder der «Älteste».
–   κυρία – Herrin = Gemeinde des Herrn. Ihre «Kinder» sind Mitglieder der Gemeinde, «Kinder des Herrn».
2   Durch Erkenntnis der Wahrheit wird diese im Menschen bleibend.
3   Die gleiche dreigliedrige Formel gebraucht Paulus in den beiden Briefen an Timotheus. Cháris wird uns zuteil vom Vater, Éleos vom Sohn und Eiréne vom Geist.
5   Vgl. Jo 13, 34.
6   Wörtlich: wandeln.
7   Die zentrale Botschaft des Johannes ist – wie diejenige des Paulus – die Menschwerdung Gottes, johanneisch gesprochen: die Inkarnation des Wortes. Darum ist der Gegner dieser Kunde der Antichrist.
8   Wörtlich: Achtet auf euch selbst (βλέπετε ἑαυτούς).
9   Der Mensch überhebe sich nicht, sondern bleibe strebend in seiner inneren Mitte: im Wort.
10 Um Verweigerung der Gastfreundschaft handelt es sich nicht. «Ins Haus» aufnehmen meint: ins eigene Wesen aufnehmen. Es geht um die rechte Auffassung von Christi Heilswirken und die Wachsamkeit gegenüber Irrlehren. Falsche Lehren sollte man nicht willkommen heißen; das wäre Bejahung.
12 Wörtlich: von Mund zu Mund. Hinweis auf esoterische Unterweisung.

ANMERKUNGEN

Zum 3. Brief

6   ἐκκλησία.
8   Die Wahrheit wird hier von Johannes personifiziert: Die Wahrheit ist Gott.
9   Der Brief ist nicht überliefert. 2 Jo ist wohl kaum gemeint (mit Schnackenburg, Dodd u.a. – gegen Strecker, 1989, 357 und 368).
–   Die christlichen Gemeinden waren gegen Ende des 1. Jahrhunderts noch nicht hierarchisch strukturiert, sondern eher freie Gemeinschaften oder Freundeskreise. Aber die Amtskirche war in Bildung begriffen.
12 Das deutet an, dass sich ihm der Christus offenbart hat.
–   Vgl. Jo 21. Unter dem ‹Wir› ist der Autor zu verstehen, ebenso wie in 1 Jo.
15 Vgl. Jo 15, 14 f., auch 13, 34. «Es wundert nicht, dass es ... beim Presbyter nicht mehr zu einem expliziten Kirchenbegriff kommt und dass dafür die Wendungen ‹die Seinen, die Freunde› Ersatz anbieten müssen» (Käsemann, 1965, 178 f.).

Zum Nachwort zu den Briefen des Johannes

1   Vgl. Schnackenburg, 1965, S. 4 ff. – «Satz um Satz erinnert die Sprache des 1 Joh an die des Evangeliums.» (Barrett, 1990, S. 75).
2   Jo 13, 33.
3   In der kritischen Theologie spricht man heute von einer «johanneischen Schule» mit mehreren unbekannten Verfassern. Vgl. Strecker, 1989. Da aber die Schüler ihre Weisheit vom Lehrer haben, bleibt dieser doch der wah-

re Autor, wenn es um Lehrinhalte geht – zumal wenn dieser der Lieblingsjünger ist.

4 Nach Strecker, 1989, handelt es sich beim ersten Brief um eine geschriebene Homilie.
5 Vgl. das Kapitel über den Verfasser des Johannesevangeliums.
6 Vgl. die Diskussion über das Comma Johanneum (Comma = Satz): – in caelo: Pater, Verbum, et Spiritus Sanctus, et hi tres sunt. Et tres sunt, qui testimonium dant in terra: – 1592 zwischen 1 Jo 5, 7 und 8 in die Vulgata eingefügt. Schnackenburg, 1965, S. 44 ff. Strecker, 1989 279 ff.
7 «Offuscata fumo peccatorum» (Anselm von Canterbury: Proslogion, 1. Kap.).
8 Der gegen Johannes gelegentlich erhobene Vorwurf des Doketismus (z. B. auch Käsemann 1967) wird durch die Briefe widerlegt. Die Johannesbriefe sind deutlich gegen den Doketismus gerichtet.
9 R. Steiner betont: «bis in das Knochensystem» (GA 112, 3. 7. 1909).
10 Schön hat John Donne formuliert: «Twas much, that man was made like God before, / But that God should be made like man, much more.» (Holy Sonnets, XV).
11 Aristoteles: De anima, III, 5. Krüger: Ichgeburt, 1996, S. 195–204.
12 1 Kor 15, 51.
13 Ernst Käsemann: Ketzer und Zeuge, 1951.
14 Käsemann, 1965, S. 184.
15 Käsemann, 1965, S. 178.
16 Hinzu kam wohl noch persönliche Eifersucht.
17 Käsemann, 1965, S. 185.

Anmerkungen

Zum 3. Teil: Die Gestalt des Johannes in der Bildenden Kunst sowie zur biographischen Skizze und zum Nachwort

1 z.B. für das Guntbaldevangeliar, Hildesheim, 11. Jh.
2 Über die «vier Wesen» der Apokalypse, das «Viergetier» oder die Cherubim, die Ezechiel geschaut hat, vgl. M. Krüger: Ichgeburt, 1996. Die traditionelle Zuordnung: Matthäus – Engel (Mensch), Markus – Löwe, Lukas – Stier, Johannes – Adler.
3 Vgl. Wolfram von Eschenbach: Parzival, ed. K. Lachmann, 1926, 469, 25 ff..
4 Matthäus, Markus und Lukas sind demgegenüber als weißhaarige alte Männer dargestellt. In den Grundzügen sind die vier Evangelistenbilder aber ähnlich gestaltet: Alle vier sind mit ihren Symbolen, den «Vier Wesen» aus der Apokalypse, dargestellt und haben jeweils fünf Bücher auf dem Schoß. Sie sind frontal gestaltet mit weit geöffneten Augen und mit der Geistwelt verbunden, die durch ineinandergreifende Kreise symbolisiert ist. Vgl. F. Mütherich, 2001 (1978), S. 39 ff.
5 Auf dem Markus-Bild dieses Evangeliars sind es Heilige. Die Bischöfe sind nicht nimbiert.
6 Spr 9, 1.
7 1 Kön. 5 ff. Nerval: Tempellegende. 2. verb. Aufl., 1982.
8 Vgl. M. Krüger: Christus-Sophia, 2010.
9 Die Übersetzung von Bischoff, «während Johannes schreibt» (Mütherich, 2001, S. 42), ist zwar philologisch nicht falsch, ergibt aber mit Bezug auf das Bild keinen Sinn; denn Johannes wird gerade nicht beim Schreiben, sondern während der geistigen Schau (Empfängnis) dargestellt. Während des Schreibens sieht man unten die beiden Bischöfe.

10 M. Brandt (Hrsg.), 1993, Frontispiz.
11 Vgl. die eindrucksvolle Darstellung von Arendt de Gelder (17. Jh.) in Aschaffenburg (Schlossmuseum).
12 Auf einem Bild zum Markusevangelium berührt er ganz ähnlich den Unterarm der Maria Magdalena, fol. 75 v.
13 E. Klemm, 1988, S. 21. Fuhrmann und Mütherich, 1986, S. 50.
14 Heinrich der Löwe starb am 6. August 1195.
15 Eine sehr ähnlich gestaltete Gruppe wird im Württembergischen Landesmuseum in Stuttgart aufbewahrt. Katalog 1998, Nr. 67, Inv. Nr. E 514, Eichenholz mit Originalfassung, Beschädigungen, 118 x 81 x 48 cm. Eine weitere Gruppe befindet sich im Bayerischen Nationalmuseum München (Inv. Nr. 65/38. Bildführer 2, 1975, S. 23). Vgl. auch Klünker, 2006, S. 71.
16 Apk 19, 7.
17 Vgl. etwa aus der gleichen Zeit und dem gleichen Gebiet die im Württembergischen Landesmuseum aufbewahrte Johannesstatue von einer Kreuzigungsgruppe, Inv. Nr. E 513.
18 Jo 21, 21. Vgl. M. Krüger: Dürer, 2009.
19 Am 15. April 1451 wird Katharina von Brabant als neunzehnjährige Ehefrau erwähnt.
20 Wortspiel: avers – habgierig, vivande à vers – Fleisch für die Würmer. Mires-vous ci orgueilleux et avers /mon corps fu beaux ore est viande à (vers).
21 O Mors quam amara est memoria tua homini injusto et pacem habenti in substanciis suis, viro quieto et cujus die directe sunt in omnibus et ad huc valenti accipere cibum.
22 S. Ringbom (Icon to Narrative. Abo, 1965, S. 172) und andere haben das Bild eine «Deesis» genannt. Als mögliche Quelle für die originelle Komposition hat Barbara

Lane, 1980, auf Cimabues Apsismosaik in Pisa hingewiesen. Doch ist es höchst ungewiss, ob Rogier im Verlauf seiner Romreise auch Pisa besucht hat.

23 Eine «Deesis» mit Johannes dem Evangelisten an Stelle des Täufers befindet sich auch im Tympanon des mittleren Südportals (um 1220) der Kathedrale von Chartres.

24 Im Jahre 1500 gelingt es Dürer, seinem Selbstbildnis einen ganz ähnlichen Ausdruck zu verleihen.

25 Ego sum panis vivus qui de coelo discendi. Jo 6, 51.

26 Magnificat anima mea Dominum et exultabit spriritus meus in Deo salutari meo. Lk 1, 46 f.

27 Jo 6, 54.

28 Mt 11, 11.

29 Et Verbum caro factum est et habitavit in nobis. Jo 1, 14.

30 Ecce Agnus Dei qui tollit pecata mundi. Jo 1, 29. (Schreibweise der frz. und lat. Zitate nach D. de Vos).

31 Maria ergo accepit libram unguenti nardi pistici preciose et unxit pedes Jesu. Jo 12, 3.

32 Legenda aurea, 1925, I, 90 f.

33 Jo 21, 23.

34 Meister HL (Meister des Breisacher Hochaltars, gestorben um 1533): Die beiden Johannes. Nürnberg:: GNM.

35 Apg 2, 2.

36 Johann Hertz: Johannes der Evangelist, 1627, Tafelbild. Nürnberg: Germanisches Nationalmuseum, Gm 434.

37 Johann Hauer: Der Mahler Ordnung und Gebräuch in Nürnberg, ed. A. Tacke, München 2001. Zit. n. Faszination Meisterwerk, Katalog Nürnberg: GNM, 2004, S. 117.

38 Der unbestimmte dunkle Mauerhintergrund, der nackte Oberkörper, das rote Tuch, das kleine Fell, der Kreuzstab erinnern an Caravaggios Darstellungen des Täufers in Rom (Galleria Nazionale di Arte antica), Basel, Kansas City.

39 R. Klessmann, in: Festschrift für Bruno Bushart, 1994, und Daniel Hess, in: Faszination Meisterwerk, 2004 – mit Thieme-Becker.
40 Albert Ouwater: Die Auferweckung des Lazarus, ca. 1451/55. Holz, 122 x 92 cm. Berlin: Gemäldegalerie.

Der Weg des Johannes. Versuch einer biographischen Skizze

41 Die Ergebnisse der Kritischen Theologie sind nicht weniger unsicher: Sie enden alle im Eingeständnis des Nichtwissens. Ernst Käsemann, den ich noch in Tübingen hören durfte, charakterisiert mit Blick auf den historischen Hintergrund von Johannes 17 speziell Einleitungen ins Neue Testament: Es seien Darstellungen, «die auf weite Strecken in die Gattung der Märchenbücher einzureihen sind, mag ihr trockener Ton und Inhalt noch so sehr Tatsachenreportagen vortäuschen» (1967, S. 10).
42 Vgl. das Kapitel über den Verfasser des Johannesevangeliums.
43 Vgl. M. Krüger: Die Verklärung auf dem Berge, 2003.
44 K. König, 1963, S. 30.
45 Origenes: Johanneskommentar, 1. Buch, IV, 23. Ed. E. Preuschen, Leipzig 1903, S. 9.
46 Jo 12, 10.
47 Vgl. Christine Krüger, 2002.
48 Dass Maria in der ersten Zeit nach Kreuzigung und Auferstehung nicht beim Lieblingsjünger, sondern bei den Brüdern Christi war, ergibt sich aus Apg 1, 14.
49 Das Haus der Maria wurde auf Grund einer Schilderung von Anna Katharina Emmerich im neunzehnten Jahrhundert entdeckt und wieder aufgebaut.
50 Legenda aurea II, 1.

51 Legenda aurea, 1925, I, S. 86.
52 Adolf Schlatter spricht von der «unverkennbaren Sprachverwandtschaft zwischen der Apokalypse und dem Evangelium»: «Die sprachlichen Differenzen zwischen beiden ergeben sich überwiegend daraus, dass die Apokalypse den Semitismus in weiterem Umfang und engerem Anschluss wiedergibt, als es im Evangelium geschieht, während der Besitz an griechischen Sprachformen in beiden Texten nicht wesentlich verschieden ist.» (Schlatter, in: Rengstorf, 1973, S. 200 f.)
53 Vgl. die sieben Gemeinden in der Apokalypse.
54 Vgl. das Nachwort zu den Briefen.
55 Der Apostel Philippus wird im Johannesevangelium dreimal erwähnt: 6, 7. 12, 21 f.. 14, 8 f.
56 Nach der Legende versuchten die Heiden – in später Zeit – das Heiligtum mit einer gewaltigen Flutwelle zu vernichten, indem sie Bergbäche umleiteten und stauten. Da erschien der Erzengel Michael dem Hüter des Heiligtums, Archippos, hob seinen Herrscherstab, schlug das Zeichen des Kreuzes und ließ einen Felsspalt entstehen, der die Wasserfluten aufnahm.
57 Polykarp, Bischof von Smyrna, starb am 23. Februar 155 den Märtyrertod.
58 Eusebius von Caesarea: Kirchengeschichte. Darmstadt, 3. Aufl. 1989 (1981), S. 189. – Papiasfragmente, 1998, Fragment 7. Euseb schreibt das Johannesevangelium dem Zebedaiden zu.
59 Vgl. 20, 19. 21. 26.
60 Eusebius 3, 31.
61 Nach Rudolf Steiner wirkt er in der Neuzeit unter dem Namen Christian Rosenkreuz.

Zum Nachwort

62 Goethe: Faust I, V. 737 ff.
63 Goethe: Faust I, V. 1224 ff.
64 J. G. Fichte: Anweisung zum seligen Leben, Berlin 1806, 10. Vorlesung. Ed. D. Lauenstein, 1962, S. 159. Ed. I. H. Fichte, Band V.

Literaturverzeichnis

Vulgata. Frankfurt am Main 1826.
Novum Testamentum Graece et Latine, ed. Nestle – Aland, 22. Aufl. 1969.
Das Neue Testament, Interlinearübersetzung von Ernst Dietzfelbinger. 5. korr. Aufl., Stuttgart 1994.
Die gantze Heilige Schrifft, übers. v. Martin Luther, 1545. Neu hrsg. v. H. Volz, 1972.
Das Neue Testament nach der Übersetzung Martin Luthers. Revidierter Text, Stuttgart 1984.
Kleine Jerusalemer Bibel. Herder-Übersetzung mit dem Kommentar der Bible de Jérusalem. Freiburg i. Br. 1992 (1968).
Neue Jerusalemer Bibel, mit Einheitsübersetzung. 11. Aufl., Freiburg i. Br. 2000.
Bauer-Aland. Walter Bauer: *Griechisch-deutsches Wörterbuch zu den Schriften des Neuen Testaments*, ed. K. u. B. Aland. 6. neu bearbeitete Aufl., Berlin 1988.

Anselm von Canterbury: Monologion (um 1075). In: R. Allers: *Anselm von Canterbury. Leben, Lehre, Werke*. Wien 1936.
Apokryphen, siehe: Schneemelcher.
Die apokryphen Schriften zum Neuen Testament, übersetzt und erläutert von Wilhelm Michaelis. Bremen, 3. Aufl., 1956.
Apokryphen zum Alten und Neuen Testament, hrsg. v. Alfred Schindler. Zürich, 4. Aufl., 1990.
Aristoteles: *Über die Seele*, ed. W. Theiler. Darmstadt 1986.
Aurelius Augustinus: *Vorträge über das Johannesevangelium*,

3 Bände, übers. v. Thomas Specht. BKV, Kempten und München 1913 – 1914.

Aurelius Augustinus: *De Trinitate*. Deutsch von M. Schmaus. BKV 1935.

Charles Kingsley Barrett: *Das Evangelium nach Johannes*. Göttingen 1990 (London 1978).

Walter Bauer: *Das Johannesevangelium*. 2., verb. Aufl., Tübingen 1925.

Karl Baus: *Von der Urgemeinde zur frühkirchlichen Großkirche* (= Handbuch der Kirchengeschichte, Band 1). Freiburg i. Br. 1985 (1962).

Paul Beauchamp: La cosmologie religieuse de Philon et la lecture de l'exode par le livre de la sagesse: Le thème de la manne. In: *Philon d'Alexandrie*, 1967, 207–219.

Hermann Beckh: *Der kosmische Rhythmus, das Sternengeheimnis und Erdengeheimnis im Johannesevangelium*. Basel 1930.

Luciano Bellosi: *Giotto – Das malerische Gesamtwerk*. Florenz 1987.

Friedrich Benesch: *Apokalypse. Die Verwandlung der Erde. Eine okkulte Mineralogie*. Stuttgart 1981.

Berlin. *Meisterwerke aus Elfenbein der staatlichen Museen zu Berlin*. Katalog 1999.

Justus Bier: *Tilman Riemenschneider*. Bd. 4, Die späten Werke in Holz. Wien 1978.

P. Billerbeck: *Kommentar zum Neuen Testament aus Talmud und Midrasch*, 4 Bände. München 1922–1928.

Ernst Bindel: *Die geistigen Grundlagen der Zahlen*. Stuttgart, 3. Aufl. 1977 (1958).

Wolfgang J. Bittner: *Jesu Zeichen im Johannesevangelium*. Tübingen 1987.

Josef Blinzler: *Der Prozess Jesu*. 3. erw. Aufl., Regensburg 1960.

Emil Bock: *Das Evangelium. Betrachtungen und Übersetzungen.* Betrachtungen, Band 1 und 2. Stuttgart o. J.

Emil Bock: *Das Neue Testament*, Übers. v. E. Bock. Stuttgart 1980.

Emil Bock: *Die drei Jahre.* Stuttgart 1948.

M.-E. Boismard: *Problèmes de critique textuelle concernant le quatrième Évangile.* In: Revue biblique, 60, 1953, 347–371.

Giorgio Bonsanti: *Caravaggio.* Florenz 1984.

K. G. Boon: *Rembrandt – The complete Etchings.* 1962.

Peder Borgen: *Bread from Heaven.* Leiden 1965.

Peder Borgen: *Early Christianity and Hellenistic Judaism.* Edinburgh 1996.

Günter Bornkamm: *Die eucharistische Rede im Johannesevangelium*, in: *ZNW*, 47, 1956, 161–169.

Wilhelm Bousset: *Hauptprobleme der Gnosis.* Göttingen 1907.

Wilhelm Bousset: *Kyrios Christos.* 2. Aufl.. 1921.

Michael Brandt (Hrsg.): *Das kostbare Evangeliar des Heiligen Bernward.* München 1993.

F.-M. Braun: Qui ex deo natus est (Jo 1, 13). In: *Aux sources de la tradition chrétienne*, Fs M. Goguel, S. 11–31. Neuchâtel – Paris 1950.

Wolfgang Braunfels: *Vincent van Gogh.* Darmstadt 1962.

Wolfgang Braunfels: *Die Welt der Karolinger und ihre Kunst.* München 1968.

Raymond E. Brown: Die Schriftrollen von Qumran und das Johannesevangelium und die Johannesbriefe (1955/57), in: Rengstorf (Hrsg.), *Johannes und sein Evangelium*, 1973, 486 ff.

Rudolf Bultmann: *Das Evangelium des Johannes.* Berlin 1963 = Nachdruck der 10. Aufl. von 1941.

Friedrich Büchsel: *Der Geist Gottes im Neuen Testament.* Gütersloh 1926.

Friedrich Büchsel: *Johannes und der hellenistische Synkretismus*. Gütersloh 1928.

Friedrich Büchsel: *Das Evangelium nach Johannes*. Göttingen 1946.

F. C. Burney: *The Aramaic Origin of the fourth Gospel*. Oxford 1922.

H. Busch – B. Lohse (Hrsg.): *Romanische Plastik in Europa*. Frankfurt a. M. 1961.

W. H. Cadmann: *The Raising of Lazarus*. In: *Studia Evangelica*, ed. K. Aland et al. Berlin 1959, S. 423–434.

Raymond Cazelles und Johannes Rathofer: *Das Stundenbuch des Duc de Berry Les très riches Heures*. Luzern 1988.

Raymond Cazelles und Jean Longnon: *Die Très riches Heures des Jean Duc de Berry im Musée Condé Chantilly*. München 1989.

Albert Châtelet: *Rogier van der Weyden*. Straßburg 1999.

J. Colson: *L'Énigme du disciple, que Jésus aimait*. Paris 1969.

Oscar Cullmann: *Christus und die Zeit. Die urchristliche Zeit- und Geschichtsauffassung*. 2. Aufl., Zürich 1948.

Oscar Cullmann: *Die Christologie des Neuen Testaments*, 1957. 2. Aufl., Tübingen 1958.

Oscar Cullmann: *Vorträge und Aufsätze, 1925–1962*. Tübingen und Zürich 1966.

Oscar Cullmann: *Der johanneische Kreis*. Tübingen 1975.

Cusanus, siehe: Nikolaus von Kues.

Eugène Delacroix. Katalog Staatliche Kunsthalle Karlsruhe 2003-2004.

Hermann Dieckmann: «*Der Sohn des Menschen» im Johannesevangelium*. In: *Scholastik II*, 1927, S. 229 – 247.

Hermann Diels, ed. W. Kranz: *Die Fragmente der Vorsokratiker,* 3 Bände, Hildesheim: Bd. 1, 18. Aufl. 1989. Bd. 2, 17. Aufl. 1989. Bd. 3, 1987 (Nachdr. d. 6. verb. Aufl. 1952).

Dionysius Areopagita: *Die Hierarchien der Engel und der Kirche*. München-Planegg 1955.
Franz Joseph Dölger: *Antike und Christentum*, Band 4, Münster 1934.
C. H. Dodd: *The Johannine Epistles*. London 1946. 3. Aufl. 1953.
C. H. Dodd: *The Bible and the Greeks*. 2. Aufl. 1954.
C. H. Dodd: The Interpretation of the Fourth Gospel. Cambridge 1963. (1953, Rez. v. R. Bultmann, in: *New Testament Studies*, Cambridge 1955, S. 77–91).
C. H. Dodd: *Historical Tradition in the fourth Gospel*. Cambridge 1963.
John Donne's poems, ed. Hugh I'Anson Fausset. London 1960.
Erhard Drachenberg: *Mittelalterliche Glasmalerei in Erfurt*. Dresden 1990.
Albrecht Dürer: *Sämtliche Holzschnitte*. Faksimile-Ausgabe von Otto Fischer, 1938.
Meister Eckhart: *Die deutschen und lateinischen Werke*. Stuttgart 1936 ff. Die lateinischen Werke, ed. J. Koch u.a. Die deutschen Werke. ed. J. Quint. Band 1, Predigten, Stuttgart 1958.
Meister Eckhart: *Sermones,* ed. E. Benz, B. Decker, J. Koch. Stuttgart 1956.
Meister Eckehart: *Deutsche Predigten und Traktate*, hrsg. v. Joseph Quint. Zürich 1979.
Meister Eckhart: *Kommentar zum Buch der Weisheit*, ed. Karl Albert. St. Augustin 1988.
Meister Eckhart. *L'Oeuvre latine*, 6. Commentaire sur le Prologue de Jean, ed. A. de Libera, E. Weber, E. zum Brunn. Paris 1989.
Karl August Eckhardt: *Der Tod des Johannes als Schlüssel zum Verständnis der johanneischen Schriften*. Berlin 1961.
Ormond Edwards: *Chronologie des Lebens Jesu und das Geheimnis der drei Jahre*. Stuttgart 1978.

Robert Eisler: *Das Rätsel des Johannesevangeliums*. In: *Eranos-Jahrbuch* 1935. London 1938.

Eriugena. Jean Scot: *Homélie sur le Prologue de Jean*, lat. – frz. hrsg. v. Édouard Jeauneau. Paris 1969.

Eusebius von Caesarea: *Kirchengeschichte*, ed. H. Kraft. Darmstadt, 3. Aufl., 1989.

L'Evangile de Jean. Recherches bibliques III. 1958.

Ruth Ewertowski: *Judas – Verräter und Märtyrer*. Stuttgart 2000.

A. Feuillet, siehe A. Robert.

A. Feuillet: *Études johanniques*. Paris 1962.

Das Evangeliar Heinrichs des Löwen, hrsg. v. d. nieders. Landeszentrale f. polit. Bildung. Hameln 1984.

Johann Gottlieb Fichte: *Die Anweisung zum seligen Leben*, 1806, ed. Diether Lauenstein. Stuttgart 1962.

Floyd V. Filson: *Who was the beloved Disciple?* In: *Journal of Biblical Literature LXVIII*, 1949, S. 83 – 88.

Floyd V. Filson: *The Gospel of Life*. In: *Festschrift O. A. Piper*. New York 1962, S. 111–123.

Joseph A. Fischer (Hrsg.): *Die apostolischen Väter*. 10. Aufl., Darmstadt 1993.

J. Fleming, L. Radermacher (Hrsg.): *Das Buch Henoch*. Leipzig 1901.

Michel Frensch: *Weisheit in Person*. Schaffhausen 2000.

Rudolf Frieling: *Christologische Aufsätze*. Schriften III, Stuttgart 1982.

Rudolf Frieling: *Studien zum Neuen Testament*. Schriften IV, Stuttgart 1986.

Horst Fuhrmann und Florentine Mütherich: *Das Evangeliar Heinrichs des Löwen und das mittelalterliche Herrscherbild*. München 1986.

Bernhard Gallistl: *Die Bernwardsäule und die Michaeliskirche zu Hildesheim*. Hildesheim 1993.

Christian Geelhaar: *Kunstmuseum Basel.* Basel 1992.
Goethe: Hamburger Ausgabe. München, 9. Aufl., 1981.
Joachim Gnilka: *Das Matthäusevangelium*, 2 Bände, 1986 u. 1988. Freiburg 2001.
Adolph Goldschmidt: *Die Elfenbeinskulpturen der karolingischen und sächsischen Kaiser*, 8. bis 11. Jh., 2 Bände. Berlin 1914 und 1918.
Adolph Goldschmidt: *Die Elfenbeinskulpturen aus der romanischen Zeit. 11. bis 13. Jh.* Bände 3 und 4. Berlin 1923 und 1926.
Die Gnosis, ed. W. Foerster. Bd. 1 Zeugnisse der Kirchenväter. 2. Aufl. 1979. Band 2 Koptische und Mandäische Quellen. Zürich 1971.
Gisbert Greshake und Jacob Kremer: *Resurrectio mortuorum.* Darmstadt 1986, 2. Aufl. 1992.
Herwig Guratzsch: *Die Auferweckung des Lazarus in der niederländischen Kunst von 1400–1700.* 2 Bände, Kortrijk 1980.
Ernst Haenchen: *Historie und Geschichte in den johanneischen Passionsberichten.* In: *Zur Bedeutung des Todes Jesu*, ed. H. Conzelmann et al. Gütersloh 1967, S. 55 – 78.
Theodor Haering: *Die Johannesbriefe.* Stuttgart 1927.
Ferdinand Hahn: *Christologische Hoheitstitel. Ihre Geschichte im frühen Christentum.* 4. Aufl., Göttingen 1974 (1963).
Adolf von Harnack: *Studien zur Geschichte des NT und der alten Kirche I.* Berlin – Leipzig 1931.
Ernst Harnischfeger: *Die Bamberger Apokalypse.* Stuttgart 1981.
G. W. F. Hegel: *Der Geist des Christentums und sein Schicksal. Hegels Theologische Jugendschriften,* ed. H. Nohl. Tübingen 1907.
Peter Heimann: *Erwähltes Schicksal.* Tübingen 1988.

Johannes Hemleben: *Johannes der Evangelist*. Reinbek 1972.
Martin Hengel: *Der Sohn Gottes*. Tübingen 1977 (1969).
Martin Hengel: *Die Johanneische Frage. Ein Lösungsversuch mit einem Beitrag zur Apokalypse von Jörg Frey*. Tübingen 1993.
Martin Hengel: Zur historischen Rückfrage nach Jesus von Nazareth. In: *Gespräch über Jesus*, ed. Kuhn, 2010.
Heraklit von Ephesus: *Fragmente*, ed. Bruno Snell. 10. Aufl., Darmstadt 1989.
Johann Gottfried Herder: *Erläuterungen zum Neuen Testament*, 1775. In: Herders sämmtliche Werke, ed. B. Suphan, Bd. 7, Berlin 1884, S. 385 ff.
Hilarius von Poitiers: *Zwölf Bücher über die Dreieinigkeit*, ed. A. Antweiler. 2 Bände, München 1933–34.
Paul Hoffmann (Hrsg.): *Zur neutestamentlichen Überlieferung von der Auferstehung Jesu*. Darmstadt 1988.
Edwyn C. Hoskyns: *The fourth Gospel* (1940). 2. Aufl. 1947, Nachdruck 1963.
René Hughes: *Delacroix*. München 1967.
Irenäus von Lyon: *Fünf Bücher gegen die Häresien*, 2 Bände, übers v. H. Hayd. BKV, Kempten 1872 und 1873.
Irenäus von Lyon: *Adversus Haereses*, 5 Bände (= Fontes Christiani, 8). Freiburg i. Br. 1993 – 2001.
Jacobus de Voragine: *Legenda aurea*, übers. v. R. Benz. Jena 1925.
Joachim Jeremias: *Jerusalem zur Zeit Jesu*. Göttingen, 3. Aufl. 1962.
Joachim Jeremias: *Neutestamentliche Theologie, I, Die Verkündigung Jesu*. Gütersloh 1971.
Hans Jonas: *Gnosis und spätantiker Geist*. Göttingen, I, 1934. II, 1954.
Flavius Josephus: *Jüdische Altertümer*, übers. v. H. Clementz, 2 Bände. Berlin-Wien 1923.

Justinus: *Dialog mit dem Juden Tryphon*, übers. v. Ph. Haeuser. BKV 33, Kempten 1917.

Ernst Käsemann: *Exegetische Versuche und Besinnungen*, 2 Bände in 1. Göttingen, 4. Aufl. 1965. Darin u. a.: Ketzer und Zeuge, 1951.

Ernst Käsemann: *Jesu letzter Wille nach Johannes 17*. Tübingen, 2. Aufl. 1967.

Gerd-Klaus Kaltenbrunner: *Johannes ist sein Name*. Heitersheim 1993.

Emil Kautzsch: *Die Apokryphen und Pseudepigraphen des Alten Testaments*. 2 Bände. Reprint, Hildesheim 1992.

Gerhard Kienle: *Die ungeschriebene Philosophie Jesu*. Stuttgart 1983.

G. D. Kilpatrick: *The religious Background of the fourth Gospel*. In: *Studies in the fourth Gospel*, ed. F. L. Cross. London 1957, S. 36–44.

Helmuth Kittel. *Die Herrlichkeit Gottes*. Giessen 1934.

Elisabeth Klemm: *Das Evangeliar Heinrichs des Löwen*. Frankfurt a. M. 1988.

Gérard Klockenbring: *Das Johannesevangelium*. Stuttgart 1995.

Friedrich Gottlieb Klopstock: *Der Messias* (1773/1780). In: *Ausgewählte Werke*, hrsg. v. K. A. Schleiden. München 1962.

Wolf-Ulrich Klünker: *Johannes Scotus Eriugena*. Stuttgart 1988.

Wolf-Ulrich Klünker: *Wer ist Johannes?* Stuttgart 2006.

Karl König: *Die beiden Jünger Johannes*. Stuttgart 1963.

T. Korteweg: «You will seek me and you will not find me», in: J. Lambrecht (Hrsg.): *L'Apocalypse johannique et l'Apocalyptique dans le Nouveau Testament*. Leuven 1980, 349–354.

Hella Krause-Zimmer: *Bernward von Hildesheim*. Stuttgart 1984.

Georg Kretschmar: *Studien zur frühchristlichen Trinitätstheologie*. Tübingen 1956.

Johannes Kreyenbühl: *Das Evangelium der Wahrheit*. Leipzig 1900.

Christine Krüger: *Gralswege*. Dornach 2002.

Manfred Krüger: *Ichgeburt*. Hildesheim 1996.

Manfred Krüger: *Das Ich und seine Masken*. Bodenkirchen 1997.

Manfred Krüger: *Die Verklärung auf dem Berge*. Hildesheim 2003.

Manfred Krüger: *Novalis – Wege zu höherem Bewusstsein*. Stuttgart 2008.

Manfred Krüger: *Der Güter Gefährlichstes – Die Sprache*. Stuttgart 2009.

Manfred Krüger: *Albrecht Dürer – Mystik, Selbsterkenntnis, Christussuche*. Stuttgart 2009.

Manfred Krüger: *Innere Ruhe – Christus im Seesturm*. Dornach 2010.

Werner Georg Kümmel: *Einleitung in das Neue Testament*. 21. erg. Aufl., Heidelberg 1983.

Peter Kuhn (Hrsg.): *Gespräch über Jesus. Papst Benedikt XVI. im Dialog mit Martin Hengel und Peter Stuhlmacher*. Tübingen 2010.

Kunst des Mittelalters. Katalog des Wilhelm-Hack-Museums, Ludwigshafen, 1979.

Barbara G. Lane: *Early Italian Sources for the Braque Triptych*, In: *The Art Bulletin*, LXII, 1980, 281–284.

Diether Lauenstein: *Der Messias*. Stuttgart 1971.

Diether Lauenstein, siehe Fichte.

LCI. Lexikon der christlichen Ikonographie, ed. E. Kirschbaum. Freiburg i. Br. 1968. Sonderausgabe, 8 Bände, 1994.

Jules Lebreton: *Les Origines du dogme de la Trinité*. Paris 1910.

Hans Leisegang: *Die Gnosis*. 5. Aufl., Stuttgart 1985.

Xavier Léon-Dufour: *Études d'Évangile*. Paris 1965.

Jan Lievens – Ein Maler im Schatten Rembrandts. Katalog Braunschweig 1979.

Robert Henry Lightfoot: *St. John's Gospel*, ed. C. F. Evens. Oxford 1957.

Gerhard Lohfink: *Der letzte Tag Jesu*. Stuttgart 2005.

Ernst Lohmeyer: *Über Aufbau und Gliederung des vierten Evangeliums*. In: *ZNW* 27, 1928, S. 11–36.

Eduard Lohse: *Die Texte von Qumran*. München 1971.

Alfred Loisy: *Le quatrième Évangile*. Paris 1903, 2. Aufl. 1921.

Ernst Luthardt: *Das Evangelium nach Johannes*. Nördlingen 1886.

Luthers Evangelienauslegung, Bände 4 u. 5. Das Johannesevangelium, ed. E. Ellwein. Göttingen 2. Aufl. 1961.

Thomas Walter Manson: Das vierte Evangelium (1946/47), in: Rengstorf (Hrsg.), *Johannes und sein Evangelium*, 1973, 465–485.

Kurt Martin: *Die ottonischen Wandbilder der St. Georgskirche Reichenau-Oberzell*. Sigmaringen 1961, 2. Aufl. 1975.

J. L. Martyn: *History and Theology in the fourth Gospel*. 1968.

Peter F. Matthiessen: *Prinzipien der Heilung im Neuen Testament*. In: *Hilft der Glaube?* Heilung auf dem Schnittpunkt zwischen Theologie und Medizin. 2002, S. 146–172.

Meister Eckehart, siehe Eckehart.

J.-É. Ménard: L'Interprétation patristique de Jo 7, 38. In: *Revue de l'Université d'Ottawa*, 25, 1955.

Rudolf Meyer: *Die Wiedergewinnung des Johannesevangeliums*. Stuttgart 1962.

Octave Merlier: *Le quatrième Évangile*. Paris 1961.
Franz Miltner: *Ephesos*. Wien 1958.
Heribert Mühlen: *Der heilige Geist als Person*. Münster 1963.
Ludwig Münz: *Rembrandt*. Köln 1979 (1967).
Florentine Mütherich und Karl Dachs (Hrsg.): *Das Evangeliar Ottos III*. München 2001 (nach der Faksimile-Ausgabe München 1978).
Franz Mussner: *ZOE. Die Anschauung vom «Leben» im vierten Evangelium*. München 1952.
Franz Mussner: *Die Auferstehung Jesu*. München 1969.
Wolfgang Nauck: *Die Tradition und der Charakter des ersten Johannesbriefes*. Tübingen 1957.
Gérard de Nerval. *Die Tempellegende*, deutsch von Manfred Krüger. 2. verb. Aufl., Stuttgart 1982.
Nikolaus von Kues: *Predigten in deutscher Übersetzung*, III, Sermones CXXII–CCIII, hrsg. v. W. A. Euler, K. Reinhardt u. H. Schwaetzer. Münster 2007.
Reinhard Nordsieck: *Johannes. Zur Frage nach Verfasser und Entstehung des vierten Evangeliums*. Neukirchen 1998.
Reinhard Nordsieck: *Das Thomasevangelium*. 3. Aufl., Neukirchen-Vluyn 2006.
Novalis: Fragmente. Ed. Ernst Kamnitzer. Dresden 1929.
Walter Oakeshott: *Die Mosaiken von Rom*. Wien und München 1967.
Hermann Olshausen: *Biblischer Commentar über sämmtliche Schriften des NT*, Band 2. Königsberg 1834.
Opus sacrum. Katalog der Sammlung Barbara Piasecka. Vaduz 1991.
Origenes: *Johanneskommentar*, ed. E. Preuschen. Leipzig 1903.
Origenes: *Johanneskommentar*, 5 Bände, ed. Cécile Blanc. Paris 1966 ff.
Origenes: *Vier Bücher von den Prinzipien*, ed. H. Görgemanns u. H. Karpp. Darmstadt, 2. Aufl. 1985.

Origenes: *Gegen Celsus*. Ed. Paul Koetschau. München 1926–1927.

Gert von der Osten: *Katalog der Bildwerke in der niedersächsischen Landesgalerie Hannover*. München 1957.

Papias: *Fragmente*, Hirt des Hermas, ed. U. H. J. Körtner u. M. Leutzsch. Darmstadt 1998. (=Schriften des Urchristentums, III).

Blaise Pascal: *Über die Religion (Pensées)*, ed. E. Wasmuth. 7. Aufl., Heidelberg 1972.

Rudolf Pesch: *Das Markusevangelium*. 2 Teile, Sonderausgabe 2001. (=Herders theologischer Kommentar zum NT, Band II)

Rudolf Pesch und Herbert A. Zwergel: *Kontinuität in Jesus. Zugänge zu Leben, Tod und Auferstehung*. Freiburg 1974.

Pierson Parker: John the Son of Zebedee and the fourth Gospel. In: *Journal of Biblical Literature*, LXXXI, 1962, S. 35–43.

Philo Alexandrinus: *Die Werke in deutscher Übersetzung*, ed. L. Cohn u. I. Heinemann, 7 Bände. Berlin 1962–1964.

Sergej Prokofieff, 2004, s. M. M. Sam.

Sergej Prokofieff: *Das Mysterium der Auferstehung im Lichte der Anthroposophie*. Stuttgart 2008.

Kevin Quast: *Peter and the Beloved Disciple*. Sheffield 1989.

H. Rahner: Flumina de ventre Christi. In: *Biblica*, 22, 1941, 269–302, 367–403.

Jörg Rasmussen: *Veit Stoß – Die Erweckung des Lazarus*. In: *Veit Stoß in Nürnberg*, ed. GNM. München 1983, S. 165–171.

Joseph Ratzinger: *Einführung in das Christentum*. München 1990 (1968).

Joseph Ratzinger (Benedikt XVI.): *Jesus von Nazareth*. Freiburg i. Br. 2007.

Christoph Rau: *Struktur und Rhythmus im Johannesevangelium*. Stuttgart 1972.

Rembrandt van Rijn: *Das radierte Werk*, Faksimile-Drucke, ed. Carl Neumann. 4. Mappe, Neues Testament 2. Berlin 1931.

Rembrandt: *Sämtliche Radierungen in Originalgröße*. Stuttgart und Zürich 1978.

Karl Heinrich Rengstorf (Hrsg.): *Johannes und sein Evangelium*. Darmstadt 1973.

Paul Rießler: *Altjüdisches Schrifttum außerhalb der Bibel*. Augsburg 1928.

Friedrich Rittelmeyer: *Meditation*. Stuttgart 1929.

Friedrich Rittelmeyer: *Briefe über das Johannesevangelium*. Stuttgart 1938.

A. Robert u. A. Feuillet (Hrsg.): *Einleitung in die Heilige Schrift*. Bd 1, AT, 1963; Bd. 2, NT, Wien 1964.

Kurt Rudolph (Hrsg.): *Gnosis und Gnostizismus*. Darmstadt 1975.

Franz Rüsche: Pneuma, Seele und Geist. In: *Theologie und Glaube*, 23. 1932, S. 606 – 625.

Franz Rüsche: *Das Seelenpneuma. Seine Entwicklung von der Hauchseele zur Geistseele*. Paderborn 1933.

Martina Maria Sam (Hrsg.) *Mysteriengeheimnisse*. Vorträge, Dornach 2004.

J. N. Sanders: *The fourth Gospel in the early Church*. 1943.

J. N. Sanders: Those whom Jesus loved. In: *New Testament Studies*, 1954/55, S. 29 – 41.

J. N. Sanders: Who was the Disciple whom Jesus loved? In: *Studies in the fourth Gospel*. London 1957, S. 72 – 82.

Franziska Sarwey: *Grünewald-Studien*. Stuttgart 1983.

Leo Scheffczyk: *Der Mensch als Bild Gottes*. Darmstadt 1969.

Friedrich Wilhelm Joseph Schelling: *Philosophie der Offenbarung*, 2 Bände. Darmstadt 1959.

Friedrich Wilhelm Joseph Schelling: *System der Weltalter* (1827/28), ed. S. Peetz. Frankfurt a. M. 1990.

Gertrud Schiller: *Ikonographie der christlichen Kunst*, Band 1. Gütersloh, 3. Aufl. 1981.

Adolf Schlatter: *Erläuterungen zum Neuen Testament*, Band 3 (u. a. Johannesbriefe). Stuttgart 1923.

Adolf Schlatter: *Der Evangelist Johannes.* Stuttgart, 2. Aufl., 1948.

Adolf Schlatter: *Die Theologie der Apostel.* 2. Aufl., Stuttgart 1922.

Rudolf Schnackenburg: *Die Johannesbriefe.* Herders theologischer Kommentar zum NT, XIII, 3. Freiburg i. Br., 3. Aufl. 1965.

Rudolf Schnackenburg: *Aufsätze und Studien zum Neuen Testament.* Leipzig 1973.

Rudolf Schnackenburg: *Das Johannesevangelium.* Herders Theologischer Kommentar zum NT, IV. 4 Bände, Freiburg i. Br. 2001.

Wilhelm Schneemelcher: *Neutestamentliche Apokryphen*, Band I: Evangelien; Band II: Apostolisches u. a., 6. Aufl., Tübingen, Band 1, 1990; Band 2, 1997.

H. Schneider u. R. E. O. Eckart: *Jan Lievens.* Amsterdam 1973.

Günther Schubert: *Das Johannesevangelium.* Dornach 1928.

Heinz Schürmann: *Das Lukasevangelium*, 2 Bände, 1984 u. 1994. Freiburg 2001.

Joachim Schultz: Der 33-jährige Sozialrhythmus und die Frage der 33-jährigen Dauer des Christuslebens. In: E. Funk/J. Schultz: *Zeitgeheimnisse im Christusleben.* Dornach 1970, S. 67–69.

A. Schulz: *Nachfolgen und Nachahmen.* München 1962.

Eduard Schwartz: *Der Tod der Söhne Zebedaei*, 1904, in: Rengstorf, 1973.

Eduard Schweizer: *Ego eimi*. Göttingen 1965.

Richard Seeberg: *Das Evangelium des Johannes*. Leipzig 1921.

Peter Selg: *Es war einer krank. Die Heilungen in den Evangelien*. Stuttgart 2003.

Maurits Smeyers: *Flämische Buchmalerei*. Stuttgart 1999.

Morton Smith: *Auf der Suche nach dem historischen Jesus*. Frankfurt 1971.

Carolus M. J. H. Smits: *De iconografie van de Nederlandsche primitieven*. Diss. Amsterdam 1933.

Wladimir Solowjew: *Schriften zur Philosophie, Theologie und Politik*, ed. L. Müller. München 1991.

Heino Sonnemans: *Seele, Unsterblichkeit, Auferstehung*. Freiburg 1984.

Speculum humanae salvationis (Kremsmünster). Graz 1997.

Friedrich Spitta: *Das Johannesevangelium als Quelle der Geschichte Jesu*. Göttingen 1910.

Rudolf Steiner: *Das Christentum als mystische Tatsache und die Mysterien des Altertums*, 1910 (1902), GA 8. Dornach 1959.

Rudolf Steiner: *Das Johannesevangelium*. Vorträge, Hamburg 1908, GA 103. Dornach 1955.

Rudolf Steiner: *Das Johannesevangelium im Verhältnis zu den drei anderen Evangelien*. Vorträge, Kassel 1909, GA 112. Dornach 1959.

Rudolf Steiner: *Von Jesus zu Christus*. Vorträge, Karlsruhe 1911, GA 131. Dornach 1958.

Rudolf Steiner: *Et incarnatus est*. Vortrag, Basel, 23. Dez. 1917. Dornach 1956.

Jean Steinmann: *Johannes der Täufer*. Rowohlt-Monographie, 1960.

Veit Stoß – Die Vorträge des Nürnberger Symposions, ed. GNM und Zentralinstitut für Kunstgeschichte, München, R. Kahsnitz. München 1985.

Georg Strecker: *Die Johannesbriefe*. Göttingen 1989.
Peter Stuhlmacher: *Biblische Theologie des Neuen Testaments*. Göttingen, Band 1, 1992; Band 2, 1999.
Peter Stuhlmacher: *Was geschah auf Golgatha?* Stuttgart 1998.
Peter Stuhlmacher: Jesu Opfergang. In: *Gespräch über Jesus*, 2010.
Thomas von Aquin: *Summa theologica*. Die deutsche Thomas-Ausgabe. Salzburg 1933 ff.
Thomas von Aquin: *Der Prolog des Johannesevangeliums*, lateinisch – deutsch hrsg. v. Wolf-Ulrich Klünker. Stuttgart 1986.
Thomas von Aquin: *Summe gegen die Heiden*, 4 Bände, ed. K. Albert, P. Engelhardt, L. Dümpelmann, K. Allgaier, M. H. Wörner. Darmstadt 1974 – 1996.
Thomas von Aquin: *Compendium Theologiae*, ed. R. Tannhof. Heidelberg 1963.
Vaticana. Katalog, Diözesanmuseum Köln 1992/93.
G. Verbeke: *L'Évolution de la doctrine du Pneuma*. Paris-Louvain 1945.
Philipp Vielhauer: *Geschichte der urchristlichen Literatur*. Berlin 1978.
Dirk de Vos: *Rogier van der Weyden*. München 1999.
I. F. Walther u. R. Metzger: *Van Gogh*. Köln 1997.
Andrew Welburn: *Am Ursprung des Christentums*. Stuttgart 1992.
H. H. Wendt: Der ‹Anfang› am Beginne des 1. Johannesbriefes. In: *ZNW*, 21, 1922, S. 38 – 42.
Friedrich Westberg: *Die biblische Chronologie nach Flavius Josephus und das Todesjahr Jesu*. Leipzig 1910.
Elsbeth Weymann: *Zepter und Stern*. Stuttgart 1993.
Guido de Wird/Michael Jeiter: *St. Nicolaikirche Kalkar*. München-Berlin 2002.

Literaturverzeichnis

Kurt von Wistinghausen: *Der verborgene Evangelist*. Stuttgart 1983.
Berthold Wulf: *Christologie des Bewusstseins*. Zürich 1990.
Theodor Zahn: *Das Evangelium des Johannes*. 6. Aufl., Leipzig 1921.

Abkürzungen

Apg = Apostelgeschichte
Apk = Apokalypse
AT = Altes Testament
BKV = Bibliothek der Kirchenväter
c. = Kapitel
Cod = Codex
Dtn = Deuteronomium
ed. = herausgegeben von
Eph = Epheser
EvPhil = Evangelium nach Philippus
EvTh = Thomasevangelium
Ex = Exodus
Ez = Ezechiel
GA = Gesamtausgabe
Gal = Galater
Gen = Genesis
GNM = Germanisches Nationalmuseum Nürnberg
Hebr = Hebräer
Hen = Henoch
hrsg. = herausgegeben
In Jo = Johanneskommentar
JA = Johannesakten
JB = Jerusalemer Bibel
Jer = Jeremia
Jes = Jesaja
Jo = Johannes
KHM = Kunsthistorisches Museum Wien
Kön = Könige
Kol = Kolosser

Abkürzungen

Kor = Korinther
Lev = Levitikus
Lk = Lukas
Mal = Maleachi
Mk = Markus
Mt = Matthäus
NT = Neues Testament
Num = Numeri
Prov = Sprichwörter
Ps = Psalm
Sap Sal = Sapientia Salomonis
SC = Sources chrétiennes
Sir = Jesus Sirach (Ecclesiasticus)
Spr = Sprichwörter
Sth = Summa theologica
Thess = Thessalonicher
Tim = Timotheus
ZNW = Zeitschrift für Neutestamentliche Wissenschaft und die Kunde der älteren Kirche